Alfred F. Zimmermann

Das Dunkle im Gottesbild bei C.G. Jung

Alfred F. Zimmermann

Das Dunkle im Gottesbild bei C.G. Jung

Die Vision des aus dem Himmel zertrümmerten Basler Münsters 1887

Fromm Verlag

Impressum/Imprint (nur für Deutschland/ only for Germany)
Bibliografische Information der Deutschen Nationalbibliothek: Die Deutsche Nationalbibliothek verzeichnet diese Publikation in der Deutschen Nationalbibliografie; detaillierte bibliografische Daten sind im Internet über http://dnb.d-nb.de abrufbar.
Alle in diesem Buch genannten Marken und Produktnamen unterliegen warenzeichen-, marken- oder patentrechtlichem Schutz bzw. sind Warenzeichen oder eingetragene Warenzeichen der jeweiligen Inhaber. Die Wiedergabe von Marken, Produktnamen, Gebrauchsnamen, Handelsnamen, Warenbezeichnungen u.s.w. in diesem Werk berechtigt auch ohne besondere Kennzeichnung nicht zu der Annahme, dass solche Namen im Sinne der Warenzeichen- und Markenschutzgesetzgebung als frei zu betrachten wären und daher von jedermann benutzt werden dürften.

Coverbild: www.ingimage.com

Contact:
International Book Market Service Ltd., 17 Rue Meldrum, Beau Bassin, 1713-01 Mauritius
Website: www.bookmarketservice.com
Email: info@bookmarketservice.com

Gedruckt in: USA, UK, Deutschland. Dieses Buch wurde nicht in Mauritius produziert.

Imprint (only for USA, GB)
Bibliographic information published by the Deutsche Nationalbibliothek: The Deutsche Nationalbibliothek lists this publication in the Deutsche Nationalbibliografie; detailed bibliographic data are available in the Internet at http://dnb.d-nb.de.
Any brand names and product names mentioned in this book are subject to trademark, brand or patent protection and are trademarks or registered trademarks of their respective holders. The use of brand names, product names, common names, trade names, product descriptions etc. even without a particular marking in this works is in no way to be construed to mean that such names may be regarded as unrestricted in respect of trademark and brand protection legislation and could thus be used by anyone.

Cover image: www.ingimage.com

Contact:
International Book Market Service Ltd., 17 Rue Meldrum, Beau Bassin, 1713-01 Mauritius
Website: www.bookmarketservice.com
Email: info@bookmarketservice.com

Copyright © 2011 by the author and Fromm Verlag and licensors
All rights reserved. Beau-Bassin 2011

Printed in: U.S.A., U.K., Germany. This book was not produced in Mauritius.

ISBN: 978-3-8416-0193-3

Inhalt

Vorwort

Diese Schrift stellt die erweiterte Fassung der Abschlussarbeit des Studiengangs „Master of Advanced Studies UZH in Sprituality“ dar, der von der Theologischen Fakultät der Universität Zürich in Zusammenarbeit mit der Aus- und Weiterbildung der Pfarrerinnen und Pfarrer, Zürich, 2009/2010 durchgeführt wurde.

Da ich viel Stoff aus der anregenden Materie zum Thema nicht mehr berücksichtigen konnte und zudem – neben elf Exkursen und einer ausführlichen Buchbesprechung zum Deus absconditus (Andreas Schweizer, Der erschreckende Gott, 288 S., München [Kösel] 2000) – auch einen umfangreichen „Fragekatalog zu C.G. Jung von der Basler Münstervision 1887 bis zu ‚Antwort auf Hiob’ 1952“ verfasst hatte, reichte ich dieses überschüssige Material in der Form eines Ergänzungshefts mit ein.

Teile daraus habe ich nun nachträglich in die Buchform der Masterarbeit eingearbeitet. Herrn Dr. Andreas Schweizer danke ich für die freundliche fachspezifische Begleitung. Er hätte es gerne gesehen, wenn ich die kritischen Anfragen statt in Anmerkungen vermehrt im Haupttext gebracht hätte. Ich ging aber in solcher Achtung vor dem genialen Schweizer Arzt, Psychiater und Psychologen C.G. Jung an die Arbeit, dass ich die grundsätzlichen Fragen und Einwände zunächst bewusst beiseitestellte. Hier wäre gewiss viel Weiterarbeit zu leisten.

Dr. Schweizer war allerdings auch der Meinung, die zentrale Vision Jungs, der diese Arbeit gewidmet ist, müsste weniger aus seinem persönlichen Unbewussten als aus dem kollektiven Unbewussten verstanden werden. Auch diesen Punkt nehme ich gerne zur Kenntnis und zu weiterem Bedenken. Noch fühle ich mich in der archetypischen Psychologie Jungs zu wenig heimisch, um diesen Schritt zu wagen.

Neben Herrn Dr. Andreas Schweizer danke ich der Kursleitung, Frau Pfarrerin Anemone Eglin und Herrn Prof. Dr. Pierre Bühler, welche die Arbeit begutachtet und im Abschlusskolloquium gewürdigt haben. Für den Support bei der Fertigstellung der Druckvorlage danke ich meinem „Hausinformatiker" Peter Beck, meinem Kollegen PD Pfr. Dr. Stefan Wälchli und meinem Sohn Philipp Zimmermann, lic. theol. VDM, für die geduldige Arbeit als Korrektor Heinz Wittwer.

Ich widme diese Studie Herrn Dr. Benedikt Münger, Facharzt für Psychiatrie und Psychotherapie FMH in grosser Dankbarkeit. Er hat mich in den Krisen der letzten über zwanzig Jahre verständnisvoll und wirksam begleitet, so dass ich heute trotz gesundheitlichen Grenzen – wenn auch nur noch teilzeitlich – mit Engagement und Freude meiner Arbeit als Seelsorger nachgehen kann.

Unus autem ex illis ... regressus est
cum magna voce magnificans Deum.
SECUNDUM LUCAM 17,15

Worb/Schweiz, im September 2011 — Alfred F. Zimmermann

Abkürzungsverzeichnis

ALT	Franz Alt, Das C.G. Jung Lesebuch
BAIR	Deirdre Bair, C.G. Jung. Eine Biographie
ETG	Erinnerungen, Träume, Gedanken von C.G. Jung, hg. v. Aniela Jaffé, Ex Libris Zürich 1961
GEHRIG	Justin Gehrig, Aus Kleinhüningens vergangenen Tagen
HARK	Helmut Hark (Hg.), Lexikon Jungscher Grundbegriffe
HUGGER	Paul Hugger, Kleinhüningen. Von der ,Dorfidylle' zum Alltag eines Basler Industriequartiers
JUNG, Briefe I-III	C.G. Jung, Briefe (3 Bände)
JUNG, GW	C.G. Jung, Gesammelte Werke
JOHvK Lf	Johannes vom Kreuz, Die lebendige Liebesflamme
JOHvK NACHT	Johannes vom Kreuz, Die dunkle Nacht
PORETE, Miroir	Porete Margareta, Miroir (zit. von SCHWEIZER, Gottesbild)
SCHWEIZER, Gottesbild	Andreas Schweizer, Der erschreckende Gott. Tiefenpsychologische Wege zu einem ganzheitlichen Gottesbild
SCHWEIZER, Luther	Andreas Schweizer, „Fare hin mit deim geist an galgen!“
SUDBRACK	Der Christ von morgen – ein Mystiker?
STOWASSER	Der kleine Stowasser, Lateinisch-deutsches Schulwörterbuch
TAULER H	Georg Hofmann (Hg.), Johannes Tauler, Predigten (zit. von SCHWEIZER, Gottesbild)

TERESA	Theresia von Jesu. Sämtliche Schriften (zit. von SCHWEIZER, Gottesbild)
von FRANZ	Marie-Louise von Franz, C.G. Jung. Sein Mythos in unserer Zeit
WA	Kritische Gesamtausgabe der Werke D. Martin Luthers
WEHR	Gerhard Wehr, C.G. Jung (rororo)
ZUMSTEIN	Stefanie Zumstein-Preiswerk. C.G. Jungs Medium. Die Geschichte der Helly Preiswerk

Hinweise:

- Normalerweise zitiere ich mit Autor und Titel.
- Die hier aufgelisteten Abkürzungen dienen stark verkürzter Zitierweise.
- Sehr häufig verwendete Literatur (z.B. ETG, JUNG, SCHWEIZER) zitiere ich (sofern Missverständnisse ausgeschlossen sind) mit blosser Seitenzahl in Klammern.
- Besonders zu beachten ist, dass ich ETG nach der Ausgabe Zürich 1961 (Ex Libris) zitiere, um mit der Zitationsweise der Literatur über C.G. Jung in Einklang zu bleiben.
- AaO und ebd verwende ich im Wechsel gleichwertig.
- Allgemeine und fachspezifische Abkürzungen verwende ich nach Siegfried M. Schwertner, Theologische Realenzyklopädie. Abkürzungsverzeichnis, 2. Aufl. Berlin/New York 1994
- Bei Titeln, zu welchen ich in meiner privaten Bibliothek Zugang habe, achte ich nur bei besonderer Notwendigkeit darauf, mir eine neue Auflage zu besorgen.

Die genauen bibliographischen Angaben finden sich in jedem Fall im Literaturverzeichnis S. 146-153.

1. Teil: Einleitung

Drei Gründe sind es, die mich veranlasst haben, mich näher mit der Psychologie und Spiritualität C.G. Jungs zu befassen, zwei persönliche und ein frömmigkeitsgeschichtlicher.

Über 20 Jahre Patient bei Jungschem Arzt

Seit über zwanzig Jahren erlebte ich persönlich immer wieder schwere Krisen, die zwei Mal sogar stationäre Aufenthalte in psychiatrischen Kliniken nötig machten. Ich hatte seit meinem ersten grösseren Krankheitsurlaub 1987 das Glück, ununterbrochen von einem Arzt therapeutisch begleitet zu werden, der in klassischer Weise C.G. Jung verpflichtet ist, Herrn Dr. med. Benedikt Münger (FMH). Ihm habe ich es zu verdanken, dass ich familiär, beruflich und gesellschaftlich trotz längeren Ausfällen „intakt" geblieben bin. Frühere sog. „Lange Weiterbildungen" im Rahmen der Pfarrerfortbildung der evangelisch-reformierten Landeskirchen Bern und Zürich zur Praxis und Theologie gelebter Spiritualität ergänzten Therapie, Berufs- und Privatleben optimal. Was Wunder, wenn ich mich C.G. Jung im Rahmen dieser Arbeit noch etwas mehr annähern will, als es mir bis anhin möglich war.

Leben und Arbeiten im Kleinhüninger Pfarrhaus 1983 – 1986

Ich las schon vor meiner ersten schweren Depression (Sommer 1987) Jungs „Autobiographie"[1]. Als ich im Herbst 1983 mit meiner Familie ins Pfarrhaus an der Dorfstrasse 19 in Basel-Kleinhüningen eingezogen war, nahm ich mir dieses Buch erneut[2] vor. Als erstes las ich in den Räumen und im grossen Garten, wo

[1] Sowohl Aniela Jaffé (ETG 1), langjährige Mitarbeiterin C.G. Jungs, als auch er selber (ebd 10-12) sprechen unbefangen von einer „Autobiographie", obwohl dieses eigenartige Werk gattungsmässig doch wohl eine nie da gewesene Mischform darstellt.

[2] Schon als theologischer Assistent und in meinen ersten Jahren Pfarramt hatte ich die Gelegenheit, in einem interdisziplinären Kreis befreundeter angehender Psychiater und Psychologen und mir als jungem Pfarrer C.G. Jungs „Antwort auf Hiob" zu lesen. Die Lektüre bilde-

der Knabe Carl Jung selbst einst seine für sein Leben und Werk so zentralen Erfahrungen gemacht hatte, zunächst wieder die besonders faszinierenden drei Kapitel „Kindheit“, „Schuljahre“ und „Studienjahre“ (ETG 13-129). In meinem neuen Domizil hatte also schon C.G. Jung von 1879 bis zum Tod seines Vaters am 28. Januar 1896 gelebt! Die berühmte Steinmauer im östlichen Teil des Gartens, wo der Knabe sein heiliges Feuer unterhielt,[3] und der „obere Estrich“, wo Carl unerlaubterweise sein Männlein versteckte,[4] waren zu verlockenden Spielstätten auch meiner Kinder geworden! Und hier in diesem Haus hatte Jung als Knabe auch seine für ihn und für seine Nachwelt so zentral wichtige Vision vom allmächtigen Gott erlebt, der mit einem gewaltigen „Exkrement“ von seinem himmlischen Thron her Dach und Mauern des Basler Münsters zertrümmerte. Dies, aber nicht nur dies, motivierte mich, mich im Rahmen meiner Möglichkeiten gelegentlich vertieft mit C.G. Jung zu beschäftigen, was mit der vorliegenden Arbeit nun auch geschah.

Der Knabe Carl Jung „scheint … über die Fähigkeit verfügt zu haben, solche Bilder willkürlich hervorzurufen“.[5] Äusserst genau schildert der Dreiundachtzigjährige viele Jahre später – gewiss aus seiner reichen Erfahrung mit Imaginativer Meditation – , wie er als Knabe ins visionäre Erleben hineingegangen sei: nach einem langen Hin und Her der Gedanken um Gott und was dieser wolle, um des Allmächtigen Absicht, ihn, Carl, zu prüfen, und um die Sünde wider den Heiligen Geist, die er nun begehen müsse etc. … Aus einem Gemisch von Gefühlen, bestehend aus Angst, Einsicht, Erleichterung und Bereitschaft und schlussendlich dem Vorsatz „Gott will offenbar auch meinen Mut …“ fasste der Knabe alle Entschlusskraft zusammen, „wie wenn ich in das Höllenfeuer zu springen hätte“. (ETG 45)

---

te den Anlass eines Treffens der Gruppe im privaten Kreis mit dem Basler Psychiater Aloys von Orelli zum Thema „Hiob, C.G. Jung und der christliche Glaube“. Dabei hatte ich mich ein erstes Mal in ETG eingelesen.

[3] S. u. S. 22.

[4] Ebd.

[5] Sonu Shamdasani, Einleitung Liber Novus 196.

Und sie war da, die ***Vision*** (ETG 45):

> ***Vor meinen Augen stand da das schöne Münster, darüber der blaue Himmel, Gott sitzt auf goldenem Thron, hoch über der Welt, und unter dem Thron fällt ein ungeheures Exkrement auf das neue bunte Kirchendach, zerschmettert es und bricht die Kirchenwände auseinander.*** (s. auch unten S. 46f [Exkurs 5])

C.G. Jung erzählt nicht vom Blickwinkel der äusseren Dinge her, sondern aus der Wahrnehmung seiner inneren Erfahrungen (ETG 10-12). „So habe ich es heute, in meinem dreiundachtzigsten Lebensjahr, unternommen, den Mythos meines Lebens zu erzählen." (10) Und Aniela Jaffé stellt fest, dass „das Buch Jungs religiöses Bekenntnis (enthält)". (5)[6] Sie berichtet in ETG 1-2 auch, wie aus einem vom Verleger Kurt Wolff 1956 angeregten Konzept einer Biographie über Jung schliesslich eine „Autobiographie" werden sollte. „Meine erste Aufgabe bestand lediglich darin, Fragen zu stellen und Jungs Antworten zu notieren." (1)[7] Am 25. Oktober 1957 wurde dann ein Vertragsentwurf betreffend die Verlags- und Autorenrechte für gut befunden, und ein ergänzendes Dokument hielt fest, dass Jaffé die Interviewerin und Stenografin sei. (BAIR 844). Ende Jahr griff Jung überraschend aber selber zur Feder, nachdem bei ihm „... nach einer Zeit innerer Unruhe längst versunkene Bilder aus der Kindheit" (ETG 1) aufgetaucht waren. In grossem Drang aus seinem Inneren[8] schrieb er die drei ersten Kapitel von ETG bis zum April 1958 gleich selbst fertig nieder.[9]

---

[6] Jung „war ein Inspirierter, ... von seinen inneren numinosen Erlebnissen Ergriffener" (von FRANZ 18; vgl. BAIR 928).

[7] Genaueres dazu BAIR 844. Mit ETG ist nicht alles Material veröffentlicht, das Jaffé bearbeitet hat. Es bestehen auch weitere „Protokolle" (C.G. Jung, Protokolle. Gespräche von Aniela Jaffé mit Jung für Erinnerungen, Träume, Gedanken, Library of Congress, Washington DC).

[8] Im knappen „Rückblick" in ETG 357-361 bekennt Jung für sein gesamtes oeuvre, dass „ein Dämon in mir war, und der war in letzter Linie ausschlaggebend". (358)

[9] Zur weiteren (Zangen-)Geburt dieses einzigartigen Buches, in ihrem Hin und Her, Auf und Ab zwischen einem unberechenbaren C.G. Jung, leidenschaftlich kämpfenden Verlegern, einer oftmals geradezu entnervten Autorin und – last but not least – auf Familienehre bedachten Vertretern der engeren Familie Jungs s. BAIR 830-877 und 889-910.

C.G. Jung – ein Mystiker des 20. Jahrhunderts?

Ich bin mir bewusst, dass Jung selbst einzig und allein von der Wirklichkeit der Seele ausging und jede „Klassifikation" von sich wies (GW 18.2, 711 § 1502). „... ich (bin) nicht bloss als Gnostiker und dessen Gegenteil, sondern auch als Theist, als Mystiker und als Materialist aufgefasst worden." (GW 18.2, 711 § 1502 = ALT 337). Wenn „es aber sein muss", gibt er sein Einverständnis zur Formulierung, wie sie am 9.2.1952 im British Medical Journal über ihn gebracht wurde: „He is an empiricist first and last." (aaO) Da es zum Wesen der Mystik gehört, dass nicht das Ich des Mystikers im Vordergrund steht, sondern das im tiefsten Grund der Seele wohnende Unaussprechliche, das höhere Selbst rsp. Gott[10], fragen wir trotz aller Bedenken Jungs selbst nach dem Aspekt des Mystikers in seinem Leben und Werk.[11]

Dieser dritte frömmigkeitsgeschichtliche Punkt ist der wichtigste. Karl Rahner, der mit seiner ausgewogenen Theologie für die Öffnung der katholischen Theologie zum Denken des 20. Jahrhunderts eintrat[12], formulierte 1966 den berühmt gewordenen Satz: „Der Fromme von morgen wird ein ‚Mystiker' sein, einer, der etwas ‚erfahren' hat, oder er wird nicht mehr sein."[13] Rahner verstand unter Mystik gerade nicht irgendeine Geheimlehre, die nur ganz wenigen zugänglich wäre, sondern Mystik als πίστις, als Glauben, der aus der Erfahrung kommt und Erfahrung ist, aber an sich allen Menschen zugänglich bleibt.[14] Es war nicht

---

[10] „Wenn ich ... der Ansicht bin, dass alle Aussagen über Gott in erster Linie aus der Seele hervorgehen ... so ist damit weder Gott geleugnet noch der Mensch an die Stelle Gottes gesetzt." (GW 18.2, 715 § 1511)

[11] S. unseren 4. Teil u. S. 102 – 111.

[12] Harald Wagner, TRE 28 (1997), 111-117.111.

[13] SUDBRACK 99 zitiert Karl Rahner, GuL 39 (1966) Heft 5//Schriften zur Theologie, VII, 11-31, Zitat S. 22. Weitere Belege Rahners zu diesem seinem berühmten Gedanken s. Delgado/Fuchs, Die Kirchenkritik der Mystiker, I, S. 12 Anm. 8.

[14] SUDBRACK 128.

zuletzt C.G. Jung, dem in einmaliger Weise diese Einsicht und Erfahrung zuteil wurde, dass der Glaube wesensmässig Erfahrung ist.[15]

Carls Vater zerbrach an einem leeren Kirchenglauben.[16] Carl, der bei ihm Unterricht und die Konfirmation erlebte, fand bei ihm keine Möglichkeit zu gelebter Erfahrung, durfte nicht denken und Fragen stellen (ETG 58-62). C.G. Jung berichtet, dass er aus Langeweile einmal den Katechismus zum Voraus durchgeblättert habe, auf die Dreieinigkeit, die ihn sehr interessiert hätte, gestossen sei und dann geduldig auf den Moment gewartet habe, wenigstens diese spannende, geheimnisvolle Angelegenheit mit dem Vater besprechen zu können. Doch als die ersehnte Stunde gekommen sei, habe dieser zu Carls grosser Enttäuschung bloss gesagt: „Diesen Abschnitt wollen wir überschlagen, ich begreife selbst nichts davon."[17] Der Knabe wurde von heftigem Mitleid erfasst und „(verstand) auf einmal die Tragik seines [des Vaters] Berufes und seines Lebens". (61) Ein unüberbrückbarer Abgrund zwischen den beiden öffnete sich. Als Carl in der Bibliothek seines Vaters später in „alles verschlingender Leseleidenschaft"[18] nach theologischen und philosophischen Wahrheiten über Gott forschte, wurde er vollends bitter enttäuscht. Die Theologen wie auch die Philosophen[19] wussten zur Gottesfrage und zur Frage der Theodizee kaum Antworten, die ihn zu befriedigen vermochten.[20] Carl

---

[15] Die Erfahrung ist für Jung „einziges Erkenntnismittel" (GW 18.2, 712 § 1505 = ALT 339). Auch für Dietmar Mieth, LThHK VII 583-594, geht es in der Mystik in erster Linie um „Gotteserfahrung" (583). Vgl. auch Eckhard Frick/Bruno Lautenschlager, Auf Unendliches bezogen. Spirituelle Entdeckungen bei C.G. Jung, 191-193.

[16] S. u. S. 45.55.

[17] GW 9.1, 25 § 30; vgl. ETG 58. Ob wohl darum Jung später in seiner Kritik am traditionellen Christentum immer wieder streng und hartnäckig von der späteren, zu seiner Zeit allgemein noch sehr hochgeschätzten Trinität ausgeht? Überhaupt von der altkirchlichen Christologie, von Gott als „Summum Bonum" und der Lehre der „Privatio boni" Augustins? Wird er damit dem irdischen Jesus, dem nachösterlichen Christus und der „Jesusbewegung" (wie wir sie heute statt mit der dogmatischen „Brille" geschichtlich wahrnehmen) gerecht? Ähnliches wäre zur Kategorie der „Allwissenheit" Gottes zu sagen, die in „Antwort auf Hiob" durchgehend in kritischer Auseinandersetzung eine zentrale Rolle spielt. Wird Gott tatsächlich derart peinlich genau als allwissend gedacht, wie Jung es immer wieder voraussetzt und dann kritisiert? Jung nahm die christliche Dogmatik auf seine Weise zeitlebens sehr ernst? S. auch S. 65 Anm. 139.

[18] Sonu Shamdasani aaO.

[19] Um die Meinung der Philosophen über Gott und das Böse kennenzulernen, konnte Carl aus der Bibliothek des Vaters nur auf Krugs Allgemeines Handwörterbuch der philosophischen Wissenschaften, 2. Aufl. 1882 zurückgreifen. Originaltexte fehlten, die Philosophen „waren [dem Vater] suspekt, weil sie dachten." (ETG 66)

[20] Die Dogmatik des Schweizer Theologen Alois-Emanuel Biedermann von 1869 war für den Gymnasiasten "nichts als Schönschwätzerei" (65). Als er einen Philosophen zum Problem des Teufels konsultierte, hatte selbst dieser gekuscht und erklärt, „der Ursprung des Bösen (sei)

erkannte aber in sich selbst, „dass Gott, für mich wenigstens, eine der allersichersten Erfahrungen war“. (67)

Hatte der Knabe somit das Erfahrungsdefizit der ihm in seiner Kindheit und Jugendzeit begegneten Erscheinungsformen von Kirche und Theologie scharfsinnig erkannt, so zog er nun auch persönlich die Konsequenzen. Die Kirche wurde für ihn zum „Ort, an den ich nicht mehr gehen durfte. Dort war für mich kein Leben, sondern Tod.“ (ETG 61) Nach der misslungenen Abendmahlsfeier bei seiner Konfirmation empfand er, er habe die grösste Niederlage seines Lebens erlitten. „Meine Einigkeit mit der Kirche und mit der menschlichen Umwelt, wie ich sie kannte, zerbrach mir … ich konnte am allgemeinen Glauben nicht mehr teilhaben, sondern fand mich verwickelt in ein Unaussprechbares, in ‚mein Geheimnis', das ich mit niemandem teilen konnte.“ (ebd)[21]

Hatten sich damit für Jung die Grenzen dogmatischer Kirchlichkeit schon in der Konfirmandenzeit gesprengt, so öffnete sich ihm nun ein weites Feld von Religion, das ich – zunächst als vorläufige Arbeithypothese – als „Mystik“[22] bezeichnen möchte. In seinem Leben spielen Träume und Visionen eine grosse Rolle. Schon als Gymnasiast fühlte er sich zunächst von Meister Eckhart besonders angezogen. In ihm fand er „den Hauch des Lebens, ohne dass ich ihn ganz verstanden hätte“. (ETG 74) Der Intellektualismus des Thomas von Aquin erschien ihm „liebloser als eine Sandwüste“ (ebd).

Als betagter Autobiograph wird C.G. Jung im Rückblick auf sein Leben neben Eckhart vor allem auf Jacob Boehmes „geniale Vision“ rekurieren, welche „die *Gegensatznatur des Gottesbildes* erkannt … (hat)“. (336; kursiv AFZ) Und nach

---

‚unerklärt und unerklärbar', was für mich hiess: er will, wie die Theologen, nicht darüber nachdenken.“ (68)

[21] C.G. Jung erzählte Barbara Hannah, dass er – ohne vom Vater gezwungen worden zu sein – bis zu seiner Konfirmation immer zum Gottesdienst gegangen sei (BAIR 945 Anm. 80).

[22] Näheres zu Begriff und Wesen der „Mystik“ s. u. S. 102-111.

jahrelangem Studium der Alchemie, welches zeigen sollte, „inwiefern meine Psychologie eine Entsprechung der Alchemie ist – oder umgekehrt – “ (216) kam er zur Einsicht, dass „die notwendigen inneren Gegensätze im Bilde eines Schöpfergottes in der Einheit und Ganzheit des Selbst versöhnt werden (können) als *conjunctio oppositorum* der Alchemisten oder als unio mystica“. (341; kursiv AFZ)

So besehen ist das schöne Zitat Jungs zu seinem Leben, seinem Werk und seinem Buch auch als Aussage eines zutiefst mystischen Menschen zu verstehen: „Im Grunde genommen sind mir nur die Ereignisse meines Lebens erzählenswert, bei denen die unvergängliche Welt in die vergängliche einbrach.“ (ETG 11) Und was SUDBRACK 112-116 als Kriterium für „wahre Gottesmystik“ reklamiert,[23] ist bei Jung schliesslich darin erfüllt, dass der Tod selbst für ihn „sub specie aeternitatis eine Hochzeit, ein Mysterium Coniunctionis ist“. (ETG 317)

Nun aber zurück zur nächtlichen Vision von Gott Vater auf dem Thron, der auf überaus eigenartige Weise Dach und Mauern des Basler Münsters zerstört, einem winzigen, aber überaus bedeutenden[24] Teil aus dem riesigen Strom von Erleben,[25] wie es C.G. Jung als Mensch, Arzt, Forscher und Autor dann in langer Nachwirkung selber verarbeitet und der Allgemeinheit zugänglich gemacht hat.[26]

---

[23] „Wo der Mensch zu sich selber, in seiner eigenen endlichen Schwachheit ja sagt, also etwas Endgültig-Absolutes zu seinem nicht-absoluten Sein sagt, bejaht er die eigene Offenheit auf das Absolute und Grössere, verankert er sein Selbst in Endgültigkeit, bejaht er auch die Ewigkeit Gottes.“ (SUDBRACK 114)

[24] von FRANZ 148 betont, dass diese Vision C.G. Jung „für immer prägte“.

[25] Später beschrieb Jung seine aus den Tiefen des Unbewussten aufsteigenden inneren Erfahrungen mit heissflüssigem Stein. „Sie waren wie feurig-flüssiger Basalt, aus welchem sich der zu bearbeitende Stein auskristallisiert.“ (ETG 11)

[26] Wir sehen in dieser Arbeit in Beschränkung auf die Basler Vision von 1887 von den späteren Erfahrungen Jungs ab, die er ab 1913 in Träumen, Imaginationen und Spontanereignissen erlitt und verarbeitete.

Meine **Fragen** in dieser Arbeit über die „Basler Münstervision“[27] sind einfach, so schwierig Jung selber und seine Psychologie dem Nichtpsychologen erscheinen mag, der an der Schwelle zur Welt steht, die sich ihm im Werk Jungs eröffnet:

- Kann C.G. Jung als Mystiker in unserer modernen, säkularen Welt verstanden werden, in welcher die kirchlichen Strukturen, Glaubensgrundsätze und Werte pluralisiert sind, die Erfahrung aber immer wichtiger wird?

- Ist es ihm mit seiner archetypischen Psychologie möglich, die Menschen nachhaltiger zum Leiden und Leben zu befähigen, als dies der „theologischen“ Religion seines Vaters (EGT 99) und der verfassten Kirchen möglich ist?

Ich gehe an die Auseinandersetzung mit der „Basler Münstervision“ unter einem Aspekt heran, der mich unter dem geheimnisvollen Begriff der *complexio oppositorum* seit meiner ersten Lektüre von „Antwort auf Hiob“[28] beschäftigte. Damit meint Jung in Anlehnung an den Philosophen Nikolaus von Kues (Cusanus) (1406-1464) die umfassende Gegensätzlichkeit Gottes wie auch jene des Menschen[29] (lat. *complexio*, von lat. compleo „voll machen, erfüllen, vollenden“; lat. *oppositus* „das Entgegenstellen“ von „[schützend] entgegenstellen, gegenüberstellen“).[30]

---

[27] Zur Methodologie s. den gleich folgenden Exkurs 1.
[28] S. o. S. 9 Anm. 2.
[29] S. darüber etwas mehr: u. S. 97.
[30] Angaben aus STOWASSER s. auch u. S. 97.

Exkurs 1: Zur Methodologie

Jungs „Autobiographie" ist kein wissenschaftliches Buch. Sie will es auch gar nicht sein. Im Prolog dazu schreibt er: „Was man der inneren Anschauung nach ist, und was der Mensch sub specie aeternitatis zu sein scheint, kann man nur durch einen Mythus ausdrücken. Er ist individueller und drückt das Leben genauer aus als Wissenschaft. Sie arbeitet mit Durchschnittsbegriffen, die zu allgemein sind ...[31] Ich kann nur ‚Geschichten' erzählen. Ob sie wahr sind ist kein Problem. Die Frage ist nur, ist es mein Märchen, meine Wahrheit?" (10)

Ich habe zu Jungs „Basler Münstervision" und der Vorgeschichte in seiner Biographie keinen anderen Zugang als durch die schriftlich gewordene Fassung des persönlichen „Mythos" Jungs, wie er „langsam im Lauf der Jahrzehnte" in ihm „gewachsen ist". (341)[32]

ETG muss als „Jungs religiöses Bekenntnis" angesehen werden[33]. Nun ist aber gerade der Inhalt aller Religion ein nie letztlich zu ergründendes Geheimnis. Wir stossen hier an eine „erkenntnistheoretische Grenze", wie Jung es in seinem Brief vom 1.10.1953 an Pfarrer W. Niederer ausdrückt (ALT 346). Es gehe ihm um *Gottesvorstellungen,* er wisse nicht, „was Gott an und für ist. In meiner Erfahrung gibt es nur psychische Phänomene, die in letzter Linie unbekannter Herkunft sind, denn die Psyche ist an sich hoffnungslos unbewusst." (ebd)[34]

---

[31] Vgl. SCHWEIZER, Gottesbild S. 29: „Der seit der Aufklärung herrschende wissenschaftliche Rationalismus ... hat mit seinem mechanistischen Welt- und Menschenbild den Einzelnen von seiner lebendigen seelischen Matrix abgespalten und ihn damit von den geistesgeschichtlichen und religiösen Wurzeln entfremdet." Über die verhängnisvollen Folgen dieser Entwicklung s. z.B. JUNG, GW 7, 102f § 150.

[32] Zum Mythos siehe auch SCHWEIZER, Luther 47f.

[33] Aniela Jaffé ETG 5.

[34] Noch schärfer antwortet Jung in seinem Brief vom 7.5.1960 an einen „fröhlichen Christen": „... alles, was ich über das höchste Unbekannte (sc. Gott an sich) sagen könnte, ist in meinen Augen arroganter Anthropomorphismus." (JUNG, Briefe III, 300) Vgl. auch GW 7, 77 § 111 und 103 § 151; GW 11, 387 – 392 §§ 553 – 559; ALT 336 – 345 = JUNG, GW 18/2 710 – 717 §§ 1499 – 1513.

Wann immer Jung über Gott spricht, meint er stets das in der Seele einwohnende Gottesbild, das als solches ein psychischer Faktor ist. (SCHWEIZER, Luther 44)

Die Grenzen zwischen Mythos und Wissenschaft sind trotz aller Klarheit bei Jung selbst fliessend. Auch der renommierte Mystikforscher Josef Sudbrack betont (SUDBRACK 102f), dass in der Auseinandersetzung mit Texten, die vom Eigentlichen handeln,[35] die Eigenpersönlichkeit des Forschers zum Zug kommen muss. Er zitiert den marxistischen Germanisten und Literaten Joachim Seyppel, welcher postuliert, dass bei der Mystik der Untersuchende selbst zum Teil des Untersuchten (wird). „Als Teil des Untersuchten muss er sich selbst mit in die Untersuchung einbeziehen, will er des Objektes nicht verlustig gehen." (aaO 103)

Ich sehe mich allerdings ausser Stande, das komplexe wissenschaftliche Gesamtwerk Jungs zu überblicken, geschweige denn im Einzelnen auch wirklich zu verstehen. Ich freue mich lediglich schlicht auf Impulse von ihm und seinem Werk für meine eigene Spiritualität[36] und Entwicklung und für meine Wahrnehmung von Verantwortung in meinem engeren und weiteren Umfeld, für Familie, Kirche und Gesellschaft.

---

[35] „was uns, was mich letztlich unbedingt angeht" (Paul Tillich, zitiert in SUDBRACK 102).

[36] Vgl. meinen 2005 entstandenen Bericht: „Wege zu einer ökumenisch-evangelischen Spiritualität. Berichte – Texte – Aufzeichnungen aus meinen Weiterbildungen 1984-2004". (55 S.)

2. Teil: Die Vision von der Zerstörung des Basler Münsters

Es kann nicht darum gehen, die schwierige Vision des elfjährigen Carl Jung ganz verstehen oder gar „auslegen" zu wollen. Für den Umgang mit einer derart dichten Manifestation des Unbewussten mag von allem Anfang an gelten, was für Jung selbst später am Anfang jeder Traumarbeit stehen wird: „Ich habe keine Ahnung, was dieser Traum bedeutet."[37]

Wir beachten in Anlehnung an Jungs „Methode" der Traumarbeit auch für diese blosse Annäherung – wenn auch in modifizierter Weise – zunächst den Kontext,[38] genauer: die verschiedenen ***Ebenen von Kontexten:***

- Was erlebte der Knabe einige Zeit und unmittelbar vor der Vision? Wie verlief seine innere Entwicklung? Was waren seine Erfolgserlebnisse, wo erlebte er Krisen und Tiefschläge? Hier sind wir ganz und gar auf die Erinnerungen des dreiundachtzigjährigen C.G. Jung selbst, im „Erinnerungsbuch" ETG, angewiesen.

- Wir achten mit der indessen gelegentlich romanhaften Biographie von BAIR und dem „durch eine volkskundliche Optik bestimmt(en)"[39] Buch von Paul HUGGER[40] über Kleinhüningen nebst der Erzählung von C.G. Jung in ETG auch auf die *sozialgeschichtliche Umgebung:* Haus und Garten in Kleinhüningen, die bei dem Knaben eine sehr wichtige Rolle spielen;[41] Vater, Mutter, Familie; Gymnasium in Grossbasel etc. (s. auch Exkurse 2 und 3 u. S. 24-27 und 30-31).

---

[37] JUNG, GW 8, 309-327 §§ 530 – 569 (Vom Wesen der Träume); etwas umfassender: ders., Die synthetische oder konstruktive Methode, GW 7, 87-123 §§121-191.

[38] „Um den Sinn eines Traumes festzustellen, habe ich … ein Verfahren ausgebildet, das ich als Aufnehmen des Kontextes bezeichne …" (aaO 137)

[39] HUGGER 6.

[40] Kleinhüningen. Von der ‚Dorfidylle' zum Alltag eines Basler Industriequartiers, Basel 1984.

[41] Kleinhüningen war zur Zeit Carls im Begriff, von einem kleinen ländlichen Dorf zum städtischen Aussenquartier zu werden. Zu diesem Hin und Her im Prozess der Verschmelzung mit Basel s. HUGGER 20-26. Der Gemeinderat lud Pfr. Dr. Paul Jung, den Vater Carls, zusammen mit zwei Lehrern Ende 1892 zur Vorbesprechung einer Vereinigungsfeier ein. Im Protokoll vom 13.12.1892 heisst es dann, Pfarrer Jung und Lehrer Meier könnten „sich für die

Dabei kann auch die „Gegendarstellung“ von Stefanie ZUMSTEIN-PREISWERK zu Teilen aus ETG aus der Preiswerk-Verwandtschaft „interessante Details“[42] beisteuern.[43] Sie stellt als Helly Preiswerk besonders verbundene Nichte (ZUMSTEIN 132f) eine eigentliche Apologie für diese zusammen, welche Jung als Cousine in seiner Dissertation „Zur Psychologie und Pathologie sogenannter okkulter Phänomene“[44] unter dem Kürzel „Frl. S.W.“ beschrieben hat. Dass ihre Identität nach der Veröffentlichung bekannt wurde, „wirbelte in Basels alteingesessenen Familien … viel Staub auf“. (ZUMSTEIN 14)[45]

Wichtiger allerdings noch als der Kontext scheint mir – in Anlehnung an Jungs Traumverständnis und sein Verständnis der Äusserungen des Unbewussten überhaupt – die ***Frage nach der Wirkung und nach ihrem Sinn*** zu sein. Er bedient sich selbst der „klassischen Begriffsscheidungen … der causa efficiens und der causa finalis“ und betont: „Bei psychischen Dingen ist eben die Frage: Warum? geschieht es? nicht notwendigerweise ergiebiger als die Frage: Wozu geschieht es?“[46]

Idee wenig begeistern …“ (21). Passt dies nicht zum Bild, das wir uns von Paul Jung machen müssen?

[42] Heinrich Balmer im Vorwort zu ZUMSTEIN 7-9.7.

[43] C.G. Jungs Medium. Die Geschichte der Helly Preiswerk 1975.

[44] Zur Psychologie und Pathologie sogenannter okkulter Phänomene, GW 1, 1-98.

[45] Genaueres s. u. S. 26f. ZUMSTEIN genügt zwar nicht in allen Teilen wissenschaftlichen Ansprüchen, malt aber ein lebendiges Bild der Grossfamilie Preiswerk, mit der Carls Mutter Emilie nach der ersehnten „Heimkehr“ nach Basel mit ihm als zunächst noch einzigem Kind regen Kontakt pflegte, s. u. S. 29.

[46] JUNG, GW 8, 311 § 530.

2.1. Die Vorgeschichte der „Münstervision“

2.1.1. Das einsame sensible Kind

Carl hatte schon im Vorschulalter einen ausgesprochenen Sinn für das Schöne. Stundenlang konnte er in einem dämmrigen Raum des grossen Hauses, wohin er sich heimlich verkrochen hatte, vor einem Bild verweilen (ETG 22).[47] Bei einem Ausflug ins Museum war er von den schönen Statuen der Antikengalerie auch nach Schluss der Öffnungszeit einmal kaum wegzubringen (22f). Beim Spielen weilte er oft für lange Zeit – ganz auf sich selbst gestellt – auf dem grossen Areal des Hauses, das noch heute durch eine hohe Mauer umgrenzt ist – seine Schwester war neun Jahre jünger als er.[48] Über sich als Knaben schreibt Jung von „einer grossen Sensitivität und Verletzlichkeit (einerseits)“ und „der grossen Einsamkeit meiner frühen Jugend (andererseits)“. (24)

Nächtliche Hirngespinste und Träume, auch ein lichter Traum von Engeln, zeigten seine Empfänglichkeit für das Seelische (25). Machte er draussen mit seinen ländlichen Schulkameraden Streiche (ebd) und folgte ihm in der Dorfschule überall hin ein Schwarm von Mädchen (BAIR 43), so war er zu Hause im grossen Garten wieder mit sich selbst beschäftigt (ETG 26). Insbesondere eine alte Mauer „aus grossen Steinblöcken, deren Zwischenräume interessante Höhlen bildeten“[49] gestattete es ihm, als „mein beliebtestes Spiel“ während etwa

[47] Seine Mutter hatte nach dem Einzug ins Kleinhüninger Pfarrhaus aus Spargründen einen grossen Teil des geräumigen, herrschaftlichen Pfarrhauses ausser Gebrauch genommen, unter anderem den schönen Salon, der zunächst als Vorzimmer zum Studierzimmer des Vaters gedient hatte, wo dieser mit den Gemeindegliedern Gespräche führte (BAIR 40f). Dadurch wurde dieser Raum für den Knaben zu einem oft aufgesuchten „Schlupfwinkel“, wohin er sich gerne verkroch, während die Kirchgemeinde „diese Geste ... eher als feindselig und brüskierend“ empfand (aaO).

[48] ETG 24.31f. Zur Geburt seiner Schwester Trudi s. u. S. 30.

[49] Die Mauer befand rsp. befindet sich an einem kleinen Abhang, der gegen die östlich vom Pfarrhaus gelegene Liegenschaft Richtung Stadt lag.

drei Jahren Feuer mit dem „unverkennbaren Beigeschmack von Heiligkeit“ anzuzünden (ebd 26).

Eine sonderbare, immer wieder stattfindende Grübelei des gegen neun Jahre alten Knaben bestand darin, dass er auf einem Stein am Abhang zwischen der erwähnten Mauer und dem Nachbarhaus stundenlang dasitzen konnte, verwirrt, ob er jetzt der Stein oder er selbst sei, „begleitet vom Gefühl einer merkwürdigen und faszinierenden Dunkelheit“, „gebannt von dem Rätsel, das er (sc. der Stein) mir aufgab“. (ebd)

Mit zehn Jahren schnitzte sich der Knabe aus einem Lineal ein Männchen mit Gehrock, Zylinder und blankgewichsten Schuhen,[50] färbte es mit Tinte schwarz und bereitete ihm in einer Federschachtel ein Bettchen. Aus einem Stück Wolle machte er ihm ein Mäntelchen, und zusammen mit einem länglichen, kleinen, von ihm selbst bunt angemalten Rheinkiesel[51] brachte er die Schachtel heimlich auf den „oberen“ Estrich und versteckte sie auf einem Stützbalken des Dachstuhls. „Das Ganze war für mich ein grosses Geheimnis, von dem ich jedoch nichts verstand ... Dabei empfand ich grosse Befriedigung; denn das würde niemand sehen ... Ich fühlte mich sicher, und das quälende Gefühl der Entzweiung mit mir selber war behoben.“ (ETG 27)

---

[50] Noch dachte der Knabe Carl nicht an einen Zusammenhang des Männchens mit den Eindrücken als Vierjährigem von Männern im Gehrock, Zylinder und blankgewichsten Schuhen, die in Laufen eine schwarze Kiste auf den Friedhof bringen (ETG 16.33), geschweige denn mit dem „hêr Jesus“ (16-19), dem Jesuiten (17) oder gar dem Traum vom unterirdischen Phallustempel (18-19) aus den Jahren am Rheinfall. Zur Identifikation der „Männergestalt in langem schwarzem Gewand mit einem breiten Hut“ in der frühen Erinnerung Jungs mit einem Jesuiten s. Eckhard Frick/Bruno Lautenschlager, Auf Unendliches bezogen, 7. S. auch u. S. 37f. – Dass der Vierjährige, der erst kürzlich noch am Rheinfall (kurz vor dem Umzug nach Basel) von einer im Waschhaus des Pfarrhauses aufbewahrten Leiche erschüttert worden war, (ETG 14) nun in Kleinhüningen gleich bei einem Dammbruch an der Wiese, bei dem mindestens 14 Menschen im Hochwasser den Tod fanden, am nahen Wasser fasziniert Leichen suchen ging und dabei ertappt wurde, wie er eine im Sand liegende männliche Leiche fand und sie wie hypnotisiert anstarrte, kam in der von Aniela Jaffé herausgegebenen Fassung von ETG nicht zur Veröffentlichung, findet sich aber in den „Protokollen“ (s. o. S. 11 Anm. 7).

[51] Wichtig war dem Knaben, dass das wirklich ***sein*** (sc. des Männleins) Stein war (ETG 27).

Ein Trost war das Männlein im oberen Estrich mit seinem bunten Stein für den Knaben auch dann, wenn seine Empfindlichkeit verletzt wurde oder er von der Reizbarkeit seines Vaters und von der Kränklichkeit seiner Mutter bedrückt war (28). Er beschrieb in selbstersonnener Geheimschrift Papierröllchen und brachte sie – wenn ihn niemand sah – feierlich zur „Bibliothek" des Männchens auf dem oberen Estrich (ebd).

Jung meint später, dass dieser Besitz an Geheimnis ihn damals stark geprägt habe. „Ich sehe es als das Wesentliche meiner frühen Jugendjahre an, als etwas, das für mich höchst bedeutsam war ... Ich war ständig auf der Suche nach etwas Geheimnisvollem." (aaO) Wenn der Knabe glaubte, christlich religiös zu sein, kam der Zweifel in ihm auf: „Aber es ist nicht so sicher!" (ebd 28f). Wenn man ihn auf „christliche" Weise belehren wollte, etwas sei doch „schön" und „gut", dann dachte er bei sich selbst: „Ja, aber es gibt noch etwas sehr geheimes Anderes, und das wissen die Leute nicht." (29) Waren dies Vorzeichen seiner Zweifel vor der befreienden und doch so erschreckenden „Münstervision" wenige Jahre später?

Die Erinnerung an das Männchen in der Federschachtel kam Jung erst wieder ins Gedächtnis, als er (inzwischen fünfunddreissig geworden) über die Seelensteine bei Arlesheim sowie die Churingas der Australier las und dabei entdeckte, dass „das Männchen ein kleiner verhüllter Gott der Antike, ein Telesphoros (war), der auf manchen alten Darstellungen bei Aesculap steht und ihm aus einer Buchrolle vorliest. Mit dieser Wiedererinnerung kam mir zum ersten Mal die Überzeugung, dass es archaische seelische Bestandteile gibt, die aus keiner Tradition in die Individualseele eingedrungen sein können." (ETG 29)[52]

Als Jung später in England aus einem dünnen Ast zwei ähnliche Figuren schnitzte, dachte er nicht an das Männchen auf dem oberen Estrich. Eine davon liess er aber vergrössert in Stein hauen und in seinem Garten in Küsnacht aufstellen: „Atmavictus" („breath of life"). „Sie ist eine Weiterentwicklung jenes quasi sexuellen Gegenstandes aus der Kindheit, der sich dann aber als der ‚breath of life' herausstellte, als ein Schaffensimpuls. Das Ganze ist im Grunde

[52] BAIR 46 berichtet, C.G. Jung habe zur Vorbereitung von „Wandlungen und Symbole der Libido" über die Totems naiver Völker gelesen.

genommen ein Kabir, verhüllt mit dem Mäntelchen, verhüllt in der ‚kista', versehen mit einem Vorrat an Lebenskraft, dem länglichen, schwärzlichen Stein." (ETG 29f)[53]

Exkurs 2: Familiengeschichtliches

Paul, C.G. Jungs Vater, war auf seine spätere Frau Emilie Preiswerk aufmerksam geworden, als diese in Anwesenheit beider Väter an Ostern 1864 seine erste Predigt hörte (BAIR 29). Die beiden Grossväter Carls kannten sich von der Universität her, Paul wurde bald Hebräischschüler bei seinem späteren Schwiegervater Prof. Samuel Preiswerk, der in der Basler St. Leonhards-Gemeinde Pfarrer war und an der Universität hebräische Sprache und Literatur lehrte.

Samuel Preiswerk war auch Antistes (Vorsteher) der Basler Pfarrerschaft, äusserst patriarchalisch gesinnt – wie übrigens der andere Grossvater auch –[54] und verkehrte mit Geistern. BAIR 29 berichtet, er habe häufig „Wachhalluzinationen" erlebt. An seiner zweiten Frau Gustele Faber habe er vor allem reizvoll gefunden, dass sie das „zweite Gesicht" besass. (ebd 28) In der Festschrift für Albert Oeri bezeichnet Jung seinen Grossvater mütterlicherseits als „Visionär, der oft ganze dramatische Szenen mit Geistergesprächen erlebte". (zit. nach ZUMSTEIN 129 Anm. 94) Bezeichnend für beides, das Patriarchalische und das Übersinnliche, ist die Aussage von C.G. Jung selber: „Er (war) ein etwas eigenartiger Mensch, der sich ständig mit Geistern umgeben glaubte. Meine Mutter hat mir oft erzählt, wie sie sich hinter ihn setzen musste, wenn er seine Predigten schrieb. Er konnte es nicht leiden, dass, während er studierte, Geister

---

53 Die Episode mit dem geschnitzten Männchen bildete Höhepunkt und Abschluss von Carls Kindheit. (ETG 29)

54 „Zu Hause war Carl Gustav ein echter Patriarch, eine polternde, ständig herumkommandierende Erscheinung, jemand, der von seiner Familie eher gefürchtet als geliebt wurde." (BAIR 23)

hinter seinem Rücken vorbeigingen und störten. Wenn ein Lebender hinter ihm sass, so wurden die Geister verscheucht!“ (ETG 406)

Samuel Preiswerk und Paul Jung übten im Studierzimmer des Ersteren während Jahren den noch lange später in gewissen Pfarrerkreisen üblichen Brauch des gemeinsamen „Hebraisierens“, d.h. Übersetzens von alttestamentlichen Texten (BAIR 39). Paul Jung war als Student – angepasst wie er war (BAIR 24) – von seinem dominanten Vater, der als initiativer deutscher Professor in Basel Fakultät und Spitalwesen sehr erfolgreich zum Blühen gebracht hatte, privat aber ein leid- und wechselvolles Los zu tragen hatte (vgl. ETG 399-405), nach Göttingen geschickt worden, wo er hingebungsvoll, akribisch orientalische Sprachen (besonders Arabisch) studierte und 1862 mit einer Dissertation zu einer hebräischen Handschrift aus dem 10. Jahrhundert denn auch doktorierte, also an sich zu einem Studierstubengelehrten und möglichen Dozenten ausgebildet wurde. „Doch zu jedermanns Überraschung wandte er einem der Wissenschaft gewidmeten Leben den Rücken zu und verkündete, Pfarrer ... werden zu wollen.“ (BAIR 24f)

Es müssen dabei auch äussere Gründe eine Rolle gespielt haben, da ein Dozentenleben mit Familie ohne finanziellen Rückhalt der Familie undenkbar war. BAIR schliesst aus den Quellen, Paul habe sich Mühe gegeben, „den Eindruck zu vermitteln, dass es ihn im Inneren danach verlangte, ordiniert zu werden, in Wirklichkeit hatte er jedoch gar keine andere Wahl. Carl Gustav Jungs (sc. des Vaters Pauls) finanzielle Situation, die schon immer recht prekär gewesen war, schien jetzt geradezu hoffnungslos zu sein.“ (23)

Auf die Grossmutter C.G. Jungs mütterlicherseits, Augusta Faber („Gustele“), „führte man den ‚okkulten Zug‘ zurück, der sich in der Familie Preiswerk bemerkbar machte“. (BAIR 27) Sie hatte zwei Persönlichkeiten in sich, einen „guten“ und einen „bösen“ Mönch, und „(beschrieb) Begebenheiten, die ihr in einem vergangenen Leben in Gesellschaft der Mönche widerfahren waren“.

(BAIR 27f)[55] Sie soll als Kind beim Scharlachtod eines älteren Bruders in Trance gefallen, vom Arzt ebenfalls für tot erklärt worden und im Särglein bereits zur Bestattung gebettet gewesen sein, als sie ihre Mutter mit einem glühenden Bügeleisen am Nacken wiedererweckte. (28)

C.G. Jungs Eltern waren beide die *jüngsten* Sprösslinge ihrer kinderreichen, bedeutenden Familien in Basel.[56] Paul Jung war Sohn aus der dritten Ehe seines akademisch erfolgreichen Vaters Carl Gustav Jung, Professor der Medizin und Rektor an der Universität.[57] Emilie Preiswerk war die Tochter aus der zweiten Ehe ihres Vaters, des oben genannten Antistes Samuel Preiswerk.[58]

In seiner Dissertation sollte Carl Jung Jahre später (1902) unter Trance geäussertes Material seiner Cousine Helly Preiswerk beschreiben und psychiatrisch verwerten.[59] Die Geheimhaltung der Identität des „Mediums“ liess sich aber nicht durchhalten.[60] Es ging dem Klatsch des Basler „Teigs“ (BAIR 419; ZUMSTEIN 119) nicht zuletzt darum zu wissen, wie „erblich belastet“ die Preiswerks seien. Der Verlobte Hellys kündigte dieser die Verbindung eines Abends überaus überraschend auf (ZUMSTEIN 98) und „Bewerber, die sich um Ottilie und Vally [ihre Schwestern] bemüht hatten, hielten sich plötzlich ebenfalls zurück“. (ebd 104) Sie wollten nach der Heirat gesunde Kinder kriegen (ebd 105).[61]

---

[55] C.G. Jung erinnerte sich an seine offenbar auch medial begabte Grossmutter, als er seine eigenen Untersuchungen zum kollektiven Unbewussten begann und in ihren Berichten Ereignisse wiederfand, die er in historischen Werken las. Eine literarische Abhängigkeit sei dabei mit Sicherheit auszuschliessen gewesen … (BAIR 28)

[56] Aniela Jaffé, Einiges über C.G. Jungs Familie in: ETG 399-406. Der Vater seines Vaters war 48, als dieser geboren wurde (BAIR 23), der Vater seiner Mutter 49, als diese zur Welt kam (ETG 402c [Bild] und 56a [Bild]).

[57] Carl Gustav Jung, der Grossvater des späteren „C.G. Jung“, war Grossmeister der Schweizer Freimaurer (ZUMSTEIN 7-9).

[58] Grossvater Carl Gustav war 48, als Paul geboren wurde (BAIR 23), Samuel Preiswerk 49, als Emilie zur Welt kam (ETG 401).

[59] S. o. S. 20.

[60] ZUMSTEIN 14.

[61] An dieser Stelle dramatisiert ZUMSTEIN, wohl aus familiärer Befangenheit, war doch ihre Mutter als Hellys beste Freundin und spätere Schwägerin mit dieser emotional sehr verbunden

Jung selbst hatte seiner Cousine Helly „erbliche Belastung“ attestiert und betont, es habe noch mehr „Geisterseher“ in der Familie gegeben (GW 1, 19 § 37). Drei Onkel (somit auch Onkel mütterlicherseits von C.G. Jung!) hätten „Wahnhalluzinationen. (Zweites Gesicht, Ahnung etc) [sic!]“ gehabt und die Mutter Hellys sei sogar „angeboren psychopathisch minderwertig, oft ans Psychotische streifend“ gewesen. (aaO)

Wer sich mit der Geschichte von C.G. Jungs Dissertation und ihren Hintergründen befasst, merkt bald einmal, dass die Vorgehensweise des jungen Draufgängers Carl Jung nicht über jeden Zweifel erhaben[62] und die wissenschaftliche Auswertung der parapsychologischen „Experimente“ mit seiner Kusine „Helly“ mehr als nur tendenziös war. (s. GW 1, 5-98) Für ihn und sein späteres, bahnbrechendes Werk muss diese intensive Auseinandersetzung mit dem Unbewussten aber von grosser Wichtigkeit gewesen sein.

2.1.2. Probleme in der Familie

Dadurch, dass sich Carl im Gymnasium oben in der Stadt nun eine neue Welt erschloss, begann er, seine Eltern „mit anderen Augen anzusehen, und (er) fing an, ihre Sorgen und Bekümmernisse zu verstehen“. (ETG 31) Der Vater tat ihm leid, weil er sich oft in launischer Gereiztheit nicht beherrschen konnte. Im entscheidenden Augenblick aber half Carl im Streit dann seiner Mutter (ebd). Dies trieb ihn in eine erste „Inflation, die mein ohnehin unsicheres Selbstgefühl stei-

---

(aaO 133 und passim). Bei näherem Zusehen war es keinesfalls bloss die „erbliche Belastung“, die zur Auflösung der Verlobung Hellys führte, sondern die vertrautere und innigere Liebe ihrer Schwester Mathilde zu ihrem Ex-Verlobten, dem Goldschmied und Musiker Adolf Zinstag (aaO 95-98.133).

[62] Die Ereignisse um die Séancen mit Helly Preiswerk in Kleinhüningen und in der Bottminger Mühle in Binningen wirkten in Basel noch bis mindestens 1982 nach, als zur Renovation des evangelisch-reformierten Kleinhüninger Pfarrhauses in der Basler Zeitung ein anklagender Bericht von Stefanie Zumstein-Preiswerk erschien, der die Geschichte mit der unglücklichen Instrumentalisierung Hellys durch Jung noch einmal in Erinnerung holte (Das Medium des C.G. Jung, in: Basler Magazin/Basler Zeitung 42/23. Oktober 1982, S. 1-2).

gerte und zugleich verminderte". (ebd; zum Begriff der „Inflation" bei Jung s. HARK 81f) – Hat die innere Entzweiung des Knaben hier eine ihrer Wurzeln?

Die Ehe seiner Eltern war nie glücklich gewesen. Seine Mutter Emilie musste zeitlebens gegen psychische Probleme ankämpfen. Vor der Geburt des „robusten, blonden" Knaben Karl[63] am 26. Juli 1875 in der ersten Gemeinde seines Vaters, Kesswil am Bodensee, hatte sie nach kompliziert verlaufenen Schwangerschaften körperlich und seelisch drei Fehlgeburten erlebt, hatte sich vor ihrem Mann und den Erwartungen der ländlichen Kirchgemeinde immer mehr in sich selbst und in private Visionen[64] zurückgezogen und war dabei für andere geradezu ungeniessbar geworden.[65]

Als Paul in Laufen am Rheinfall in der Hoffung auf eine Besserung der familiären Situation durch einen Ortswechsel eine neue Stelle angetreten hatte, eskalierte die Ehesituation bei Jungs bald einmal.[66] Emilie litt noch stärker an Depressionen, verbarrikadierte sich in ihrem Zimmer, der Zweijährige wurde von seinem Vater in sein Schlafzimmer genommen, wo Carl von da an eigentlich immer schlief.[67] Der Vater liess seine aufgestaute Enttäuschung und Wut, auch vor dem eingeschüchterten Kind, an der Mutter aus, worauf diese bloss mit überaus kleinlauten Erwiderungen reagierte, „denen dann von ihrer Seite aus lange Perioden des Schweigens folgten". (BAIR 33).

---

[63] BAIR 32. Die Eltern nannten den Knaben „Karl". Er selbst wollte später zur Schreibweise Carl (Gustav) zurückkehren, weil sein berühmter Grossvater so hiess.
[64] Visionärin ist sie zeitlebens geblieben (vgl. BAIR 65).
[65] BAIR 30f. „Sie (sass) gewöhnlich irgendwo allein für sich und richtete ihren beissenden Witz und ihre scharfe Zunge gegen jeden, der versuchte, den Panzer zu durchdringen, den sie um sich herum aufgebaut hatte." (ebd 31)
[66] Die Dorfbewohner „klatschten offen über die Ehe, in der ihr Pfarrer lebte". (BAIR 33)
[67] Auch als die Familie Jung wenige Jahre später das Pfarrhaus Kleinhüningen bezog, wollte die Mutter, dass der Knabe weiterhin im Zimmer des Vaters schlafe (BAIR 41).

1878 kam Emilie abrupt in eine Behandlung in ihre Heimatstadt Basel,[68] wo sie mehrere Monate blieb, während der Knabe in Laufen von einer Tante betreut wurde, die zwanzig Jahre älter war als seine Mutter. Für Emilie muss es eine grosse Erleichterung gewesen sein, als sie 1879 wieder ganz nach Basel zurückkehren konnte. Paul wurde in die Kirchgemeinde des von den Grossbaslern zwar etwas gering geachteten Kleinhüningen berufen, was gewiss nicht ohne Einfluss der Verwandten geschehen konnte, die in Basel bereits mehrere Pfarrstellen innehatten;[69] denn die Lage Emilies und Pauls war wirklich prekär geworden.[70]

Emilie war in der fernen Ostschweiz, abgeschnitten von ihrer so eng verbundenen Familie,[71] nie heimisch geworden. Ihre Stimmungslage soll sich nach der Heimkehr in die engere Heimat, „in den Schoss der ständig wachsenden Familie Preiswerk", denn auch merklich verbessert haben (BAIR 41). Damit schliesst sich der Kreis, dass sich Carl nach dem Schulwechsel ins Humanistische Gymnasium der Probleme seiner Eltern bewusst geworden ist; denn fatal war für ihn als erst elfjährigen, durch den Schulwechsel ohnehin schon entwurzelten Knaben, dass er „in die Rolle des überlegenen Schiedsrichters (geriet), der nolens volens seine Eltern beurteilen musste. Das verursachte mir eine gewisse Inflation, die mein ohnehin unsicheres Selbstgefühl steigerte und zugleich verminderte." (ETG 31)[72] – Setzte sich hier seine Spaltung fort, die er als Knabe erfahren hatte und die er im Männchen auf dem „oberen" Estrich gerade noch zusammenhalten konnte?[73]

---

[68] ETG 14/BAIR 34. Jung spricht von einem „Spital in Basel", BAIR von einem „Pflegeheim in der Nähe von Basel" und meint, dass „es ihr erster von mehreren längeren Aufenthalten in dieser Einrichtung war".
[69] Emilie hatte sechs, Paul noch zwei Brüder, die Pfarrer waren (ETG 47).
[70] Paul sah keine Aussicht auf Besserung, „solange sie in dem Ort blieben" (BAIR 40).
[71] ZUMSTEIN 18-52.
[72] Auch nach dem Erlebnis der Münstervision machte die Mutter ihn zum Ersatz für den Vater. Sie „hat mich meist weit über mein Alter genommen und mit mir wie mit einem Erwachsenen gesprochen. Sie sagte mir offenbar alles das, was sie meinem Vater nicht hat sagen können und machte mich früh zum Vertrauten ihrer mannigfachen Sorgen." (ETG 57)
[73] S. diese Arbeit S. 22.28.31.33.53.

Exkurs 3: Carls Konflikt mit der Mutter[74]

Niemand hatte ihm, dem Neunjährigen, etwas von der Schwangerschaft seiner Mutter verraten, die 1884 zur Geburt seiner Schwester Gertrud führte (WEHR 141). Aufgeregt stand eines Morgens sein Vater vor ihm und sagte: „Heute Nacht hast du ein Schwesterchen bekommen." (ETG 31) Er fühlte sich wie vom Schlag getroffen. Der Anblick des Neugeborenen im Arm seiner Mutter befremdete ihn zutiefst.[75] Das rote Schrumpfgesicht mit den geschlossenen Augen und die rotblonden Haare am Rücken, die man ihm zeigte, liessen ihn (aus der Sicht des Dreiundachtzigjährigen) nur an blinde Hunde und Affen denken (ETG 32).

An der Geburt Trudis entzündete sich ein Konflikt, den Carl in seinem Inneren vor allem seiner Mutter gegenüber austrug. Vollends hatte sein erwachender Verstand und seine natürliche Neugier Mühe mit der Art, wie ihm die Erwachsenenwelt die Ankunft Trudels zu erklären versuchte. Der Storch – wie gemunkelt wurde – sollte das Kind gebracht haben. „Wie war es aber dann bei einem Wurf von Hunden und Katzen? Wie viele Male musste da der Storch hin- und herfliegen, bis der Wurf vollständig war? Und wie war es bei den Kühen? Ich konnte mir nicht vorstellen, wie der Storch ein ganzes Kalb im Schnabel tragen konnte." (ebd)

Karl war zutiefst enttäuscht. Er fand, seine Eltern hätten ihn betrogen. Man glaubte, man könne ihn, den aufgeweckten und in Tierbeobachtungen versierten Knaben mit der Mär vom Storch abspeisen. Diesen üblen Scherz lastete er der Mutter an, die hinter seinem Rücken „wieder einmal etwas angestellt hatte" (ebd). Ein „vages Gefühl von Misstrauen" blieb in seinem Inneren zurück, „...spätere verdächtige Reaktionen meiner Mutter bestätigten meine Vermutungen, irgendetwas Bedauerliches war mit dieser Geburt verknüpft." (ebd)

---

[74] Brieflich warf die Basler Pfarrerin Dorothee Hoch 1952 Jung vor, er leide an einem Vaterkomplex. Seine Antwort vom 28. Mai 1952: „Ich gebe Ihnen meinen Mutterkomplex zu." (JUNG, Briefe II 278)

[75] „Ich war schockiert und wusste nicht, wie mir zumute war." (ETG 32)

Der Konflikt mit seiner Mutter spitzte sich zwei Jahre später zu, als er in Grossbasel das Gymnasium besuchte und nun zunehmend bei vornehmen Leuten eingeladen war. Sie, stolz auf ihren Sohn, der das Gymnasium besuchte, machte es sich zur Gewohnheit, ihm demütigende Mahnungen nachzurufen, wenn er das Haus verliess, die besten Kleider angezogen, die Schuhe glänzend gewichst und sich innerlich auf Dignität und gutes öffentliches Auftreten eingestellt hatte. Sie pflegte ihm (in aller Öffentlichkeit) zu seinem grossen Verdruss noch von weitem nachzurufen, die Grüsse von Papa und Mama ja nicht zu vergessen, ob er das Nastuch bei sich habe und die Hände gewaschen seien etc etc. Diese übertriebenen Mutterworte aber empfand er als schwere Demütigung.[76]

Schlimm an der Geschichte war, dass, je näher der herausgeputzte Carl dem vornehmen Haus kam, sich seine Minderwertigkeitsgefühle ins Masslose steigerten. Was Mutter ihm angemahnt hatte, verfolgte ihn nun als schwerer Mangel. Nachdem er das Elternhaus gerüstet und stolz verlassen hatte, fiel seine Gefühlsstimmung in den Keller, je näher er dazu kam, an der vornehmen Haustür zu klingeln. Seine inflationären Anteile drehten sich in ihr Gegenteil. Trotzig richtete er die Grüsse umso weniger aus, benahm er sich bockig und scheu. Und wenn es besonders schlimm wurde, dachte er an sein Männchen im oberen Estrich, das ihm dann half, in seiner Verlorenheit die Menschenwürde wiederzufinden, „dass ich ja auch der Andere war – der mit dem unverletzlichen Geheimnis." (ebd)

2.1.3. Niederlagen in der Schule

Zur Demütigung durch die Mutter kamen Erniedrigungen im Gymnasium, die Carl als grosse Niederlagen erlebte und die dazu beitrugen, dass er der Schule schliesslich für Monate fern blieb.[77] Die erste Niederlage (ETG 35-36) bestand darin, dass er mit seinem früh entwickelten, auf konkreter Erfahrung gründen-

[76] „Ich fand es durchaus unangebracht, meine die Inflation begleitenden Minderwertigkeitsgefühle dermassen der Welt preiszugeben, wo ich doch schon aus Eigenliebe und Eitelkeit längst dafür gesorgt hatte, möglichst tadellos in Erscheinung zu treten." (ETG 32)
[77] S. u. S. 34.

den Denken bald mit der Abstraktion der Mathematik auf Kriegsfuss geriet. Er ging bereits im Alter von elf Jahren derart genau und konsequent vom Empirischen aus, dass er mit den abstrakten Zahlen und Gleichungen der Algebra nicht zurechtkam, sich aber dank seines guten visuellen Gedächtnisses „für lange Zeit durchbetrügen konnte" und trotzdem gute Noten erreichte (35). „Die Mathematikstunden waren für mich ein Schrecken und eine Qual ... die Angst vor meinem Versagen und die Kleinheit meiner Existenz vor der Grösse der mich umgebenden Welt bewirkten in mir eine Art stiller Verzweiflung, die mir die Schule bis zum äussersten verleideten." (35f).[78]

Die zweite Niederlage (36) hatte eine ähnliche Ursache. Carl wurde „wegen gänzlicher Unfähigkeit aus dem Zeichnen entlassen", weil ihm dieses nur von der Hand lief, wenn er im Inneren Erfahrenes kreativ umsetzen konnte. Für ihn war Zeichnen alles andere als eine technische Angelegenheit. Vorgedruckte Modelle von griechischen Gottheiten abzuzeichnen war nicht seine Sache. Und als ihm der Lehrer etwas gar Naturalistisches, Abscheuliches zum Abzeichnen vorsetzte, die Abbildung eines Ziegenkopfes,[79] versagte er völlig.

Jung selbst nummeriert seine Niederlagen der damaligen Zeit in seiner merkwürdigen „Autobiographie" bewusst auf drei (41). Vom Turnen wurde er *drittens* dispensiert. Er wollte sich von niemandem vorschreiben lassen, wie er sich zu bewegen hatte. Sein hohes Arbeitsethos sagte ihm, er gehe zur Schule ins humanistische Gymnasium, um etwas zu lernen, nicht um unnütze Akrobatik zu betreiben. Auch war ihm als Folge früherer Unfälle eine „gewisse physische Ängstlichkeit" eigen (ebd).

---

[78] Schon zu Beginn des gymnasialen Unterrichts hatte die Schule Carl „angeödet". (ETG 34)

[79] „Das war das Ende meiner Zeichenstunden." (ETG 36) – Später als Medizinstudent schwänzte Carl wann immer möglich die Lehrveranstaltungen, wenn (wie er dachte) zu unnötigen Demonstrationszwecken Vivisektionen durchgeführt wurden. „Mein Mitleid mit den Geschöpfen ... ruhte auf der tieferen Grundlage einer primitiven Geisteshaltung, nämlich der unbewussten Identität mit dem Tiere." (ETG 108)

2.1.4. Carls Neurose und ihre Überwindung

Ansätze einer inneren Spaltung im Knaben sind uns schon begegnet, als er im Alter von sieben bis neun Jahren an der Richtung Stadt gelegenen Mauer des Kleinhüninger Pfarrhausgartens ein „quälendes Gefühl der Entzweiung erlebte“, dieses aber mit dem Geheimnis des Männleins in der Schachtel überwand.[80]

Auch für die weitere Entwicklung als Knabe braucht der alte Jung gerne das Wort „Inflation“.[81] Während er niedergeschlagen mit Minderwertigkeit zu kämpfen hatte, tauchten in ihm erhebliche Gefühle der Überlegenheit auf. Ein erstes Mal, als er im Streit der Eltern Partei für die Mutter ergriff. Schlimm scheint die Zerrissenheit geworden zu sein, als ihn seine Mutter beim Ausgehen öffentlich wie ein kleines Kind behandelte und er trotzartig mit einer starken „Inflation“ reagierte.[82]

Dass sich in seiner Lage Unlust und Enttäuschung der Schule gegenüber noch gesteigert hatte, die ihn in unverständlicher Weise nicht nur von der seiner Meinung nach auf falschem Weg sich befindenden Mathematik, sondern auch vom Zeichnen ausgeschlossen hatte, das er bei freierer Methodenwahl doch so sehr liebte (ETG 36)[83], scheint klar zu sein. Offenbar bedurfte es nur noch einer besonderen Gelegenheit, dass nun nicht mehr die Schule dem Schüler, sondern der Schüler der Schule eins auswischte.

„Das zwölfte Jahr wurde für mich zum eigentlichen Schicksalsjahr. Einmal, im Frühsommer 1887, stand ich nach der Schule um zwölf Uhr auf dem Münsterplatz und wartete auf einen Kameraden … Plötzlich erhielt ich von einem an-

---

[80] S. unsere Arbeit 22.31.53.

[81] Zur „Inflation“ als Begriff bei C.G. Jung s. HARK 81f.

[82] „Wenn es gar zu schlimm wurde, dachte ich an den geheimen Schatz im Estrich, der mir dann half, meine Menschenwürde wiederzufinden.“ (ETG 33)

[83] Man vergleiche nur die künstlerische Begabung C.G. Jungs, die im ROTEN BUCH Faksimile 15-191 beeindruckend hervortritt.

dern Jungen einen Stoss, der mich umwarf. Ich fiel mit dem Kopf auf den Randstein des Trottoirs, und die Erschütterung benebelte mich ...“ (aaO)

Der Knabe verhielt sich, wie man es gelegentlich von Fussballstars in grossen Stadien sehen kann. Er war zwar etwas benebelt, blieb aber „einige Augenblicke länger liegen, als es nötig gewesen wäre“. (ebd) Er hatte beim Aufschlagen blitzartig den Gedanken, dass er jetzt nicht mehr zur Schule gehen müsse. Und diese Idee zog er in der Folge für „mehr als ein halbes Jahr“ (ebd) durch. „Von da an entwickelten sich bei mir Ohnmachtsanfälle, sobald ich wieder zur Schule hätte gehen sollen, und ebenso, wenn meine Eltern mich zur Erledigung von Schularbeiten veranlassen wollten.“ (ebd) Und er blieb für Monate der Schule fern.

Zu Hause genoss er die Freiheit über alle Massen, zeichnete und malte stundenlang Dinge, die ihm spontan aus seinem Inneren aufstiegen, Karikaturen, wilde Kriegsszenen und alte Burgen; und er streifte in der Umgebung Kleinhüningens umher, beobachtete Bäume, Wasserläufe, Sümpfe und Tiere. Er beschäftigte sich mit Steinen und benutzte eifrig die Bibliothek seines Vaters. „Ich verdämmerte meine Zeit mit Herumstrolchen, Lesen, Sammeln und Spielen. Doch fühlte ich mich dabei nicht glücklicher, sondern es war mir dunkel bewusst, dass ich vor mir selber floh.“ (ETG 37)[84]

Die bekümmerten Eltern konsultierten erfolglos mehrere Ärzte, bis einer auf die Idee kam, Carl leide unter Epilepsie.[85] In der Folge war nach langem eines

---

[84] Der Vater versuchte, mit auswärtigen Erholungsurlauben bei Onkel Ernst in Winterthur, einem Bruder des Vaters, und bei einem katholischen Priester unter Aufsicht eines Landarztes im Entlebuch eine Besserung des Zustandes des Knaben herbeizuführen. (BAIR 51)

[85] „Ich wusste damals schon, was epileptische Anfälle waren, und lachte innerlich über diesen Unsinn.“ (ETG 37) BAIR 49 meint, dass zwischen den Schwierigkeiten des Knaben Carl im schicksalshaften Sommer 1887 und dem Interesse des Vaters Paul an einer Teilzeitstelle als Klinikseelsorger in der Basler Psychiatrieklinik „Friedmatt“, die dieser dann mit grossem Engagement versah, ein Zusammenhang bestand.

Tages die Zeit gekommen für das entscheidende, heilende Ereignis. Der Vater empfing im Garten einen Freund und erzählte ihm, dass sein Sohn wohl an Epilepsie erkrankt sei. In tiefer Sorge um dessen ungewisse Zukunft schüttete er dem Gast das Herz aus ohne zu wissen, dass Carl „in unersättlicher Neugier" hinter einem Gebüsch lauschte und auf der Stelle „wie vom Donner gerührt (war)". Er war dem Ernst des Lebens, der Schule und der Arbeit davongelaufen! „Das war der Zusammenstoss mit der Wirklichkeit. Von da an wurde ich zu einem ernsthaften Kind." (ebd)

Carl schlich in die Studierstube des Vaters und begann, in seiner lateinischen Grammatik zu lernen. Zwar wiederholten sich die Ohnmachtsanfälle immer wieder, die Abstände aber wurden immer länger. Stets von neuem machte sich der Knabe – wie vom Schlag getroffen – an die Arbeit. Und nach Tagen und Wochen derartigen Neubeginns konnte er wieder in die Schule gehen. „Der ganze Zauber war weg. – Daran habe ich gelernt, was eine Neurose ist." (38)

Allmählich wurde dem Knaben klar, dass „ich es gewesen war, der diese ganze schmähliche Geschichte arrangiert hatte. Niemand anderer war schuld. Ich selber war der Deserteur!" (ebd) Von da an wurde Jung zu einem überaus genauen, gewissenhaften und fleissigen Menschen. Wenn er nicht bereits um drei Uhr aufgestanden war, so erhob er sich nun jeden Morgen um fünf Uhr, um zu arbeiten, zu lesen, zu forschen (ebd). Zeitlebens blieb Jung dieses hohe Arbeitsethos eigen, das in seiner überwundenen Kindheitsneurose seinen Ursprung hatte.

2.2. C.G. Jungs „Münstervision" im Alter von elf Jahren

2.2.1. Gott – oben im blauen Himmel auf einem goldenen Thron

Eines Mittags an einem schönen Sommertag ging Carl nach der Schule, wie er es gewohnt war, auf den Münsterplatz und war guter Laune. Der Himmel war blau, die Sonne widerspiegelte sich im Dach des Münsters. Der Dreiundachtzigjährige erinnert sich an die besondere Gefühlslage, in der er sich befand:[86]

„An einem schönen Sommertag desselben Jahres (1887)[87] kam ich mittags aus der Schule und ging auf den Münsterplatz. Der Himmel war herrlich blau, und es war strahlender Sonnenschein. Das Dach des Münsters glitzerte im Licht, und die Sonne spiegelte sich in den neuen, buntglasierten Ziegeln. Ich war überwältigt von der Schönheit dieses Anblicks und dachte: ‚Die Welt ist schön und die Kirche ist schön, und Gott hat das alles geschaffen und sitzt darüber, weit oben im blauen Himmel, auf einem goldenen Thron …'"

Während es dem Knaben immer unmöglicher geworden war, „ein positives Verhältnis zu dem ‚hêr Jesus' zu finden", (ETG 33)[88] hatte er sich kürzlich – wie

[86] Wir erläutern die inneren Umstände, die aus der Sicht des Dreiundachtzigjährigen zur Vision geführt haben und die Vision selbst in der gekürzten Version, wie sie von FRANZ aaO 148-150 (basierend auf ETG 43-46) bringt. Zum Problem der „Verwässerungen" des Textes in ETG gegenüber den „Protokollen" s. unseren Exkurs 5, S. 46-47.

[87] Jung erzählt für das „Schicksalsjahr 1887" zwei verschiedene, sich ausschliessende Ereignisse, die sich an einem Sommertag bei schönstem Sonnenschein auf dem Münsterplatz abgespielt hätten: ein erstes Mal, als seine Ohnmachtsanfälle ihren Anfang nahmen, die ihn für Monate von der Schule fernhielten (s. o. S. 34); ein zweites Mal, als er zu einem späteren Zeitpunkt Gottes Herrlichkeit erlebte, in Zweifel gestürzt wurde und deren Lösung in der nächtlichen Vision des göttlichen „Exkrements" erlebte. Hat Carl zwischendurch die Schule wieder besucht? Oder liegt hier ein gutes Beispiel vor, dass es dem Dreiundachtzigjährigen in ETG wirklich nur um „Inneres", nicht um „Äusseres" ging, „äussere" Biographie und „Mythus" eben nicht deckungsgleich zu sein brauchen? (S. Gerhard Adler, der in seiner Rezension zu ETG urteilte, das Buch sei „keine Autobiographie, sondern ein Bericht über Jungs Begegnungen mit der inneren Welt der Psyche" [zitiert in BAIR 910]). S. auch u. S. 57f.

[88] S. Exkurs 4 „Jungs Verhältnis zum ‚hêr Jesus'" gleich unten S. 37-39.

Jung betont, etwa vom elften Jahr an – für die Gottesidee zu interessieren begonnen, fing an zu beten und erlebte dabei sogar eine gewisse Befriedigung; denn mit Gott war es einfacher als mit dem „'hêr Jesus', mit dem die Leute so familiär taten". (34) Die Vorstellung von Gott, der über dem Blau des Himmels auf einem goldenen Thron sitzt, war im Knaben Carl Jung seit frühester Kindheit vorgegeben. Der Elfjährige muss sehr wohl gefühlt haben, dass bei Gott noch tiefere Dimensionen verborgen sein mussten, als ihm bewusst war. Noch dachte er zumeist naiv und kindlich an den „lieben Gott auf dem goldenen Thron im Himmel", wenn er nach den Momenten von Glücksempfinden auf seinem geliebten Münsterplatz dann auf dem Heimweg nach Kleinhüningen war.

Exkurs 4 Jungs Verhältnis zum „hêr Jesus"

Jungs „erstes bewusstes Trauma" (ETG 17) als Kind war es, als er (drei- oder vierjährig) an einem heissen Sommertag auf der Strasse vor dem Pfarrhaus in Laufen einen katholischen Geistlichen vom gegenüberliegenden, bewaldeten Hügel her sah, wie dieser mit einem breiten Hut und in einem tiefschwarzen Kleid immer näher herab auf ihn zukam. Er erschrak sehr, „denn in mir formte sich die entsetzenerregende Erkenntnis: ‚Das ist ein Jesuit!'" (ebd)

Der Knabe hatte seinen Vater mit Amtskollegen die „Umtriebe der ‚Jesuiten'" erörtern hören und wahrgenommen, dass diese als gefährlich zu gelten hätten. Auch der Vater hatte Angst vor ihnen.[89] So rannte der kleine Carl vor dem

[89] S. o. S. 22 Anm. 50. Die Jesuiten waren seit deren Ausweisung aus der Schweiz während den politischen und konfessionellen Wirren, die im Herbst 1847 in einen Konfessionskrieg, den Schweizer „Sonderbundskrieg", mündeten, und durch die sog. „Ausnahmeartikel" in der Schweizerischen Bundesverfassung von 1848 noch lange der Schreck breiter Kreise im Protestantismus (vgl. Lukas Vischer/Lukas Schenker/Rudolf Dellsperger, Ökumenische Kirchengeschichte der Schweiz, 226-228). Wie emotional das Thema „Jesuiten" diskutiert wurde, zeigt die satirische Flugschrift Gottfried Kellers „Sie kommen, die Jesuiten!" (aaO 227). 1973 hob das Schweizervolk das längst überflüssig gewordene Jesuitenverbot durch eine Volksabstimmung endlich auf. (aaO 289)

schwarzen „Jesuiten“ ins Haus, die Treppen hinauf in den Estrich und verkroch sich dort in einem der hintersten Winkel (ebd). Er hatte den Ausdruck „Jesuit“ mit dem „hêr Jesus“ eng verbunden, von dem er von Leuten auf dem Friedhof gehört hatte, er „nehme“ die Verstorbenen „zu sich“. Er hatte diesen auch im Abendgebet als Kinder verschlingenden Vogel erlebt.[90] Das musste ein mächtiger „hêr“ sein, wie jener auf dem Schloss Laufen gleich hinter der Kirche! (16)

Nach diesem ersten Trauma – so Jung – „erlebte ich meinen ersten Traum, an den ich mich erinnern kann, und der mich sozusagen mein Leben lang beschäftigen sollte“. (18)[91] Durch eine Steintreppe gelangte er darin in einen fensterlosen, tempelartigen Raum unter der Wiese hinter dem benachbarten Haus des Messmers, der nur von Dämmerlicht beleuchtet war. Vorne stand auf einer niederen Estrade ein „wunderbar reicher goldener Thronsessel“, von diesem Thron ragte ein etwa vier bis fünf Meter hoher fleischerner, im Durchmesser etwa fünfzig bis sechzig Zentimeter dicker Phallus in die Höhe[92].

„… ich hatte das Gefühl, als ob es (sc. das Ding) jeden Augenblick wurmartig von seinem Throne herunterkommen und auf mich kriechen könnte. Vor Angst war ich wie gelähmt. In diesem Augenblick hörte ich plötzlich meiner Mutter Stimme …, welche rief: ‚Ja, schau ihn dir nur an. Das ist der Menschenfresser!’ Da bekam ich einen Höllenschrecken und erwachte, schreiend vor Angst.“ (18f)
Waren der „hêr Jesus“, der Jesuit und der Phallus identisch? Schon der kleine Junge war in sich gespalten, dass er einerseits Gott als König sah, sitzend im

[90] Die Mutter hatte ihm eine Gedichtstrophe Paul Gerhardts beigebracht, die er jeweilen vor dem Schlafengehen aufzusagen hatte: „Breit aus die Flügel beide / O Jesu meine Freude / Und nimm dein Küchlein ein. / Will Satan es verschlingen, / So lass die Englein singen: / Dies Kind soll unverletzet sein.“ (ETG 16) Der kleine Karl wurde aus diesen Worten nicht schlau. War Jesus ein Vogel!? Er dachte sich die „Küchlein“ als kleine Kuchen. Verschlang der „hêr Jesus“ etwa sogar Kinder!? Die Gutenachtstrophe gab ihm immerhin auch „ein gewisses komfortables Gefühl in Hinsicht auf die unbestimmten Unsicherheiten der Nacht“ (ebd).

[91] Der ganze Wortlaut des Traums s. ETG 18f; etwas gekürzt: von FRANZ 24f.

[92] Jung entdeckte „erst sehr viel später“, dass diese baumstammartige Säule mit Kopf ein Phallus war (ETG 19).

Himmel auf einem goldenen Thron mit dem „Herr Jesus mit goldenen Kronen und weissen Kleidern“ an der Seite, andererseits einen Jesuiten erlebte, der „in schwarzem Weiberrock, mit einem schwarzen breiten Hut vom Bergwald herunter (kam)“ und – in die Höhle hinuntersteigend – „ein anderes Wesen auf dem goldenen Thron (fand), unmenschlich und unterweltlich, und es … nährte sich von Menschenfleisch“, frass doch der „hêr Jesus“ Kinder! (20f)[93]

Im Traum vom Phallus begann sich der Mythus im Leben Jungs zu zeigen, der die Geburt des geistigen Lebens, des schöpferischen Geistes zum Ausdruck bringt, dem er zeitlebens verpflichtet war (SCHWEIZER, Luther 48) und „der ihn rastlos zu immer weiterem … Forschen und Schaffen antrieb“. (von FRANZ 25f)

2.2.2. Die Angst vor der ewigen Verdammnis

„Auf meinem langen Weg nach Hause versuchte ich alle möglichen anderen Dinge zu denken, fand aber, dass meine Gedanken immer wieder zum schönen Münster, das ich so sehr liebte, und zum lieben Gott, der auf dem Thron sass, zurückkehrten, um wie von einem elektrischen Schlag getroffen, wieder davon wegzufliegen…“ (ETG 42)

Aber schon auf dem Münsterplatz hatten an jenem entscheidenden Tag[94] die Glücksgefühle Carls einen Riss erlebt:

---

[93] Schon bei dieser Gelegenheit bekennt Jung, dass ihm der „hêr Jesus … nie ganz wirklich, nie ganz akzeptabel, nie ganz liebenswert geworden (sei), denn immer wieder dachte ich an seinen unterirdischen Gegenspieler als an eine von mir nicht gesuchte, schreckliche Offenbarung“. (ETG 19) – AaO 67 bekennt Jung sogar, er habe die „Geschichte mit dem ‚hêr Jesus…‘ nie wirklich geglaubt“.

[94] Wie kann BAIR nur behaupten, die obszönen Inhalte der „Münstervision“ hätten angefangen, den Knaben „***immer wieder*** heimzusuchen“? (Hervorhebung AFZ) – „… immer

„, … und Gott hat das alles geschaffen und sitzt darüber, weit oben im blauen Himmel, auf einem goldenen Thron und –' Hier kam ein Loch und ein erstickendes Gefühl. Ich war wie gelähmt und wusste nur: Jetzt ist nicht weiterzudenken! Es kommt etwas Furchtbares, das ich nicht denken will, in dessen Nähe ich überhaupt nicht kommen darf. Warum nicht? Weil du die grösste Sünde begehen würdest. Was ist die grösste Sünde? Mord? Nein, das kann nicht sein. Die grösste Sünde ist wider den Heiligen Geist, die wird nicht vergeben. Wer sie begeht, ist auf ewig in die Hölle verdammt. Das wäre doch für meine Eltern zu traurig, wenn ihr eigener Sohn, an dem sie so hängen, der ewigen Verdammnis anheimfiele. Das kann ich meinen Eltern nicht antun. Ich darf auf keinen Fall weiterdenken." (aaO)

Das Hinterfragen des christlichen Gottesbildes, wie Carl es in seinem bewussten Denken in sich trug, hatte bei ihm – schon vor der Zeit als Gymnasiast, als er „ständig auf der Suche nach etwas Geheimnisvollem war" (ETG 28) – sachte Raum einzunehmen begonnen. Der Phallustraum von Laufen wirkte in ihm nach, „und auch der Jesuit gehörte zu dem unheimlichen Reich, über das man nicht reden durfte" (aaO). Der Knabe versuchte – noch kindlich-unbewusst – mit dem Männlein das Geheimnis zu gestalten und spürte damit schon länger jene Hintergründigkeit, die danach drängte, dass Fragen aus der Tiefe der Seele aufbrechen konnten.[95]

Dieses Fragen aus dem Inneren schaffte sich nun mit grösster Dringlichkeit im Knaben Bahn. Sein Bewusstsein hätte sich dieses Drängen aus dem Unbewussten vom Leib halten wollen. In anfänglichem Widerstand stockte sein Gefühl und blieb wie gelähmt stehen. Er fürchtete, die grösste Sünde zu begehen,

---

wenn er über den Münsterplatz ging und aufschaute, um das von Sonnenlicht überflutete Münster anzuschauen, dessen Silhouette sich gegen den Himmel abzeichnete." (53)

[95] „Im Bewusstsein war ich christlich religiös – wenn auch immer mit dem Abstrich: ‚…es ist nicht so sicher!' oder mit der Frage: ‚Was ist mit dem, was unter dem Boden ist?'" (ETG 28f)

die Sünde wider den Heiligen Geist, die für immer und ewig nicht vergeben werden kann. So wagte er aus Angst vor der Hölle, vor der ewigen Verdammnis, nicht weiterzudenken. Es gelang ihm zunächst offenbar lange, die Gedanken des Zweifels zurückzuhalten.

Das Jesuslogion Mt 12,31f[96] (und Parallelen bei den Synoptikern[97]) löste eine überaus verhängnisvolle Wirkungsgeschichte[98] durch die Jahrhunderte aus, die gewiss auch den aufgeweckten Pfarrerssohn Carl zu beeinflussen vermochte. Schon Augustin zählt die hier angeschnittene Frage zur vielleicht schwierigsten und wichtigsten in der Bibel.[99] Es mag mit den zahlreichen Schwierigkeiten, die sich um jeden Versuch, dieses dunkle Wort zu verstehen, ranken, zusammenhängen, dass der Diskussionsstoff um dieses Rätsel Jahrhunderte lang nie ausgegangen ist. Unzählige klassische Auslegungen in der alten Kirche und im Katholizismus, 26 Monographien zwischen 1619 und 1824 im deutschsprachigen Protestantismus und die Bildung eines besonderen Locus in der klassischen Dogmatik (De blasphemia Spiritus Sancti) zeigen, wie energiegeladen dieses auf Jesus zurückgeführte Drohwort und seine Wirkung bis in die Tage des Knaben Carl waren.

Der wissbegierige Knabe Carl Jung wird auf irgendeine Weise in der verhängnisvollen Wirkungsgeschichte dieses Logions vom unverzeihbaren Peccatum in Spiritum Sanctum ge-

---

[96] „Darum sage ich euch: Jede Sünde und Lästerung wird den Menschen vergeben werden, die Lästerung des Geistes aber wird nicht vergeben werden. Wenn jemand etwas gegen den Menschensohn sagt, wird ihm vergeben werden, wenn aber jemand etwas gegen den heiligen Geist sagt, wird ihm nicht vergeben werden, weder in dieser noch in der kommenden Welt." (Zürcher Bibel, 2007, zur Stelle)

[97] Rudolf Pesch, Synoptisches Arbeitbuch II, 44.

[98] Hier haben wir eines der besten Beispiele vor uns, warum es hermeneutisch so wichtig ist, bei einem Bibeltext auch dessen Wirkung durch den Lauf der Jahrhunderte in Betracht zu ziehen. Eben dies vollzieht der seit 1975 erscheinende ökumenische „Evangelisch-katholische(r) Kommentar zum Neuen Testament", hg. von Josef Blank, Rudolf Schnackenburg, Eduard Schweizer und Ulrich Wilkens. Zu dessen methodischer Ausrichtung mahnte Peter Stuhlmacher 1971 an, dass die angemessene Sachkritik an den Texten „auch wirkungsgeschichtlich reflektiert" sein müsse (EKK, Vorarbeiten IV, 41) und gab im ersten Band (Der Brief an Philemon) gleich selbst die Probe aufs Exempel: „... am Modellfall dieses kleinsten Paulusbriefes (lässt sich) zeigen, wie wichtig auslegungs- und wirkungsgeschichtliche Überlegungen für die theologische Exegese sind." (S. 7) S. auch die spätere „Hermeneutik" Stuhlmachers, Vom Verstehen des Neuen Testaments, 197f (zu Hans Georg Gadamer) und 221: „Für jede ernsthafte historische Interpretation gilt seit Gadamer das Erfordernis der wirkungsgeschichtlichen Reflektiertheit."

[99] Ulrich Luz EKK 1/II 263.

standen haben und wird von dessen abgrundtief negativem Gehalt[100] eine tüchtige Portion mitbekommen haben, wie der ausführliche Bericht des Dreiundachtzigjährigen vermuten lässt.[101]

2.2.3. „Jetzt gilt es ernst: Ich muss denken"

Verstört kam Carl nach Hause und war wie krank. Zwei Tage widerstand er der Versuchung, seiner Mutter zu erzählen, was mit ihm los war, und damit seine Gedanken zu Ende zu denken.

„In der Nacht schlief ich schlecht; immer wieder versuchte sich der verbotene Gedanke, den ich nicht kannte, hervorzudrängen, und ich rang verzweifelt, ihn abzuwehren … In der dritten Nacht aber wurde die Qual so gross, dass ich nicht mehr wusste, was tun. Ich war aus unruhigem Schlaf erwacht und ertappte mich gerade noch dabei, wieder ans Münster und an den lieben Gott zu denken. Beinahe hätte ich weitergedacht! … Ich schwitzte vor Angst und setzte mich im Bett auf … ‚Jetzt kommt es, jetzt gilt es ernst!' **Ich muss denken.** ***Das muss zuvor ausgedacht werden. Warum soll ich das denken, was ich nicht weiss? Ich will es bei Gott nicht, das steht fest. Aber wer will es? … Woher kommt dieser furchtbare Wille? … Es ist an mich gekommen wie ein böser Traum. Woher kommen solche Dinge? Es ist mir passiert ohne mein Zutun. Wieso? Ich habe mich doch nicht selber geschaffen, sondern ich bin so***

---

100 Ulrich Luz aaO 268 kritisiert dieses Logion von seiner Wirkungsgeschichte her klar. „Aus ihm sind kaum Früchte der Liebe entstanden."

101 Auch wenn Carl Jung John Bunyans „Pilgerreise", wo der Mann im Eisenkäfig – wie auch sonst in Erzählungen aus dem angelsächsischen Bereich (F.F. Bruce aaO 70f) – zum Schrecken vieler Leser an der „Sünde wider den Heiligen Geist" leidet, schon dem Knaben zur Lektüre zu trivial gewesen sein mag oder ihm dieses fromme Buch in seinem Lebenskreis gar nie begegnet ist, so konnte er sich doch der hintergründig verbreiteten Angst vor der „Sünde wider den Heiligen Geist" nicht entziehen, wie sie u.a. aus dieser in evangelischen Kreisen auch in der Schweiz weitverbreiteten erbaulichen Erzählung spricht.

auf die Welt gekommen, wie mich Gott gemacht hat, das heisst, wie ich aus meinen Eltern zustandegekommen bin." (ETG 43)

Er dachte weiter, dass die Eltern nicht schuld sein konnten noch deren Eltern, und kam schliesslich zurück bis auf Adam und Eva, und die waren ja von Gott direkt geschaffen.

„Sie waren vollkommene Geschöpfe Gottes, denn Er schafft nur Vollkommenes, und doch haben sie die erste Sünde begangen … Wieso war das möglich? Sie hätten es gar nicht tun können, wenn Gott die Möglichkeit nicht in sie gelegt hätte. Das geht ja auch hervor aus der Schlange, die Gott schon vor ihnen geschaffen hatte, offenbar zu dem Zwecke, dass sie Adam und Eva überreden sollte … **Es war also die Absicht Gottes, dass sie sündigen mussten.**
Dieser Gedanke befreite mich auf der Stelle aus meiner ärgsten Qual, denn ich wusste nun, dass Gott selber mich in diesen Zustand gebracht hatte. Ich wusste zunächst nicht, ob Er damit meinte, ich solle die Sünde begehen oder eben gerade nicht … ‚Was will Gott? Das Tun oder das Nichttun? Ich muss herausfinden, was Gott will, und zwar jetzt und mit mir …' Merkwürdigerweise dachte ich nicht einen Moment, dass mir der Teufel einen Streich spielen könnte. Er spielte in meiner damaligen Geistesverfassung eine geringe Rolle und war Gott gegenüber sowieso machtlos … So stand es für mich ausser Frage, dass es Gott war, der eine entscheidende Probe mit mir anstellte, und dass alles darauf ankam, Ihn richtig zu verstehen … ‚Könnte es sein, dass Gott sehen möchte, ob ich imstande sei, Seinem Willen zu gehorchen, obwohl mich mein Glaube und meine Einsicht mit Hölle und Verdammnis schrecken? Das könnte es wahrhaftig sein! Aber das sind bloss meine Gedanken. Ich kann mich irren…' Ich kam … immer wieder zum selben Schluss: ‚Gott will offenbar auch meinen Mut', dachte ich. ‚Wenn dem so ist und ich tue es, dann wird Er mir seine Gnade und Erleuchtung geben.'" (ETG 44f)

2.2.4. Die Erfahrung unbeschreiblicher Gnade

„Ich fasste allen Mut zusammen ... und liess den Gedanken kommen: Vor meinen Augen stand das schöne Münster, darüber der blaue Himmel, Gott sitzt auf goldenem Thron, hoch über der Welt, und unter dem Thron fällt ein ungeheures Exkrement auf das neue bunte Kirchendach, zerschmettert es und bricht die Kirchenwände auseinander." (ETG 45)

„Das war es also. Ich spürte eine ungeheure Erleichterung und eine unbeschreibliche Erlösung. An Stelle der erwarteten Verdammnis war Gnade über mich gekommen und damit eine unaussprechliche Seligkeit, wie ich sie nie gekannt hatte ... Vieles wurde mir klar, was ich zuvor nicht verstehen konnte ... Gott lässt sich in seiner Erprobung des menschlichen Mutes nicht beeinflussen durch Traditionen und wären sie noch so heilig ... So kann er auch von mir etwas verlangen, das ich aus religiöser Tradition heraus ablehnen möchte. Aber der Gehorsam ist es gewesen, der die Gnade gebracht hat ... Ich hatte erfahren, dass ich Gott ausgeliefert bin und dass es auf nichts anderes ankommt, als Seinen Willen zu erfüllen. Sonst bin ich dem Unsinn preisgegeben." (ETG 45f)

Die Mutprobe des Knaben bestand nicht etwa darin, dass er, der die Sünde wider den Heiligen Geist bewusst einzugehen bereit war, nun in die Hölle gekommen wäre, so sehr die vorangegangene Qual „höllisch" schlimm war. Er „fasste allen Mut zusammen", „wie wenn ich in das Höllenfeuer zu springen hätte und liess den *Gedanken* kommen ..." (45), welchen wir als *Vision* bezeichnet haben, den Jung selbst später auch schlicht und einfach *„Einfall"* nennen kann (61). Über den Knaben war Gnade gekommen.[102]

[102] Vgl. auch ETG 45, wonach der Knabe „weinte vor Glück und Dankbarkeit, dass sich mir Weisheit und Güte Gottes enthüllt hatten, nachdem ich Seiner unerbittlichen Strenge erlegen war".

Carls Mutsprung war Gehorsam. Gehorsam war es, „was mir die Gnade gebracht hat". (46) Dies sollte den Knaben nun gerade von seinem Vater unterscheiden; denn „was mein Vater nicht begriffen hatte, den Willen Gottes … hatte (ich) erfahren". (aaO) Zwischen ihm und seinem Vater tat sich ein „Abgrund" auf, „und ich sah keine Möglichkeit, diese unendliche Kluft zu überbrücken". (61) Der Gehorsam wurde dem Knaben aufgedrängt, und doch musste er den Sprung ins Feuer der Hölle eigenverantwortlich selber tun. „Damals hat meine eigentliche Verantwortlichkeit begonnen." (aaO)[103]

Die Folge war nun die eigens erfahrene Freiheit von der Tradition. Sein Vater kannte „den lebendigen unmittelbaren Gott, der allmächtig und frei über Bibel und Kirche steht" (ETG 46), nicht wirklich. Der Konfirmationsunterricht bei ihm und das erste Abendmahl mit Kirchgemeinderäten, die „steif, feierlich und teilnahmslos" das Ritual zelebrierten (59), brachte Carl gefühlsmässig nichts als Enttäuschung, und der innere Bruch mit der Kirche war unvermeidlich, schmerzte ihn aber sehr (62).[104] Es war in der Kirche „zwar die Rede von Ihm, aber es waren nur Wörter … nichts von fassungsloser Verzweiflung, von übermächtiger Ergriffenheit und strömender Gnade, die für mich [seit der Münstervision] das Wesen Gottes ausmachten". (60)

In Carl selber bestärkte sich die Erkenntnis immer deutlicher, dass er in seiner nächtlichen Vision wirklich Gott selber erfahren hatte. Wer sonst als Gott hatte ihm den „Einfall" vom Münster und den Phallustraum von Laufen gegeben? „Es war ein stärkerer Wille als der meinige, der mir beides aufgenötigt hatte … Gott allein war wirklich …" (61) Und als er in der Bibliothek seines Vaters bei einem Philosophen las, dass nur reife Menschen die Gottesidee „erzeugen" könnten,

---

[103] Bei solchen Mutproben wider die Tradition kann nicht wirklich Böses herauskommen (ebd). Auch Adam und Eva mussten denken, „was sie nicht denken wollten". (ebd) Gott hatte sie so erschaffen, dass sie sündigen mussten, dass er sie trotzdem bestrafte bis hin zur ewigen Verdammnis, blieb indessen ein grosser Widerspruch. (ETG 52)
[104] S. auch Einleitung o. S. 14.

war ihm sofort klar, dass Gott keinesfalls ein Erzeugnis menschlichen Geistes ist, sondern dass Gott „offenkundig ist, wie wenn einem ein Ziegel auf den Kopf fällt“. (67)[105]

Exkurs 5: Was fiel vom Himmel? Redaktionskritische Bemerkung

Ursprünglich erinnert sich der „Autobiograph“ C.G. Jung, er habe in seiner Vision von 1887 den allmächtigen Gott auf dem Thron gesehen, wie er ein „gewaltiges Exkrement“ auf das Basler Münster „schiss“ (BAIR 869). Ende 1961 entschieden Aniela Jaffé und das Ehepaar Marianne und Walther Niehus-Jung,[106] dass der ursprüngliche Text in der Weise abgeschwächt werde, dass ein gewaltiges Exkrement aufs Münster „fiel“.

Aniela Jaffé hatte zum Leidwesen Jungs und der Verleger schon zwischen 1958 und 1959 mit einer ganzen Liste von anstössigen Stellen in ETG Abschwächungen vorgenommen (BAIR 857). Zum Beispiel wurde aus dem „gigantischen“ Phallus im Jung so wichtigen Kindertraum von Laufen gleichsam über Nacht ein vergleichsweise harmloser „angsteinflössender Baum“. (aaO)

Wenig später verbündete sich Jaffé in ihrem Widerstand gegen potentiell schamlos wirkende Aussagen Jungs im zum Teil sehr heftig ausgetragenen Streit zwischen ihr und den Verlegern Kurt und Helen Wolff, dem langjährigen Jung-übersetzer Richard Hull und nota bene Jung selbst mit dessen ältester Tochter,

[105] Das Erlebnis vom Münster hatte noch eine andere Auswirkung. Wie vor Jahren als Kind im Vorschulalter zog er sich wieder auf seinen Stein vor der Mauer im Garten zurück (s. o. S. 22) und erlebte sich in seinen Emotionen. „... und ein Anderer in mir war der zeitlose Stein. ... Der Stein hat keine Unsicherheit, hat keinen Drang, sich mitzuteilen und ist ewig, lebt für die Jahrtausende ...“ (ETG 48)

[106] 1960 hatte Jung seinen Schwiegersohn Walther Niehus zum Verwalter seines literarischen Nachlasses bestimmt. (BAIR 861)

Marianne Niehus-Jung und deren Mann, welche wohl um die Familienehre der Jungs in der weltweiten Öffentlichkeit bangten (BAIR 868-872), während Aniela Jaffé als verantwortliche Herausgeberin befürchtete, dass „nicht allein Theologen, sondern die geschlossene Front der Feinde [Jungs] es [das Buch] zerfetzen würden". (zit. in BAIR 896)

Die Stimmung dieser Spannungen vor der von der Welt der Jungschen Psychologie sehnlichst erwarteten Veröffentlichung von ETG gibt eine kurze, undatierte Notiz von Helen Wolff an Richard Hull wieder, wie man sie damals im Telegrammstil in der Editionsarbeit einander regelmässig zukommen liess: „Aufschlussreich, was Änderungen mit dem Ziel, Jungs Original abzuschwächen, betrifft – *verwässerte Fassung!* Höchst interessant im Hinblick auf das, was getan wurde, um Jungs offene und aufrichtige Aussagen über sich selbst heraus zu halten." (BAIR 869)[107]

2.2.5. Der erschreckende Gott

„Damals hat meine eigentliche Verantwortlichkeit begonnen. Der Gedanke, den ich denken musste, war mir schrecklich, und mit ihm erwachte die Ahnung, dass Gott etwas Furchtbares sein könnte. Es war ein furchtbares Geheimnis, das ich erlebt hatte, und es bedeutete für mich eine angstvolle und dunkle Angelegenheit. Sie überschattete mein Leben, und ich wurde sehr nachdenklich." *(ETG 46)* [108]

[107] Vgl. z.B. auch BAIR 896, wo publik wird, wie Aniela Jaffé die Aussage von Jungs „fatalem Erlebnis" mit dem Abendmahl, eine Art „Selbst-Exkommunikation", in Panik streichen wollte, weil sie christliche Leser zu sehr hätte schockieren können. „Ich wusste, dass ich nie mehr an dieser Zeremonie teilnehmen konnte. Für mich war sie keine Religion und eine Abwesenheit Gottes. Die Kirche war ein Ort, an den ich nicht mehr gehen durfte. Dort war für mich kein Leben, sondern Tod." (ETG 69) S. auch o. S. 14.

[108] Hier schliesst der Bericht in der gekürzten Form, wie ihn von FRANZ 148-150 (basierend auf ETG 43-46) bringt.

Die dem Erlebnis der Münstervision folgende zunehmende Verinnerlichung und Vereinsamung verursachte im Knaben „in zunehmendem Masse“ auch Depressionen (68). Er kam sich minderwertig vor, als „irgend etwas Verworfenes“ (46). Wegen des Verlusts seiner Beziehung zur Kirche und zu seiner „menschlichen Umwelt“, wie es die Vision mit dem zerstörten Münster initiiert hatte, empfand er, er hätte die grösste Niederlage seines Lebens erlitten (61). Auch Schuldgefühle[109] und Scham[110] befielen ihn. „Es war schrecklich und – das war das Schlimmste – vulgär und lächerlich …“ (ebd) Allerdings wusste er aus der Erfahrung seiner Vision, „dass Gott durch keine Blasphemie gekränkt wurde, sondern sie im Gegenteil sogar fordern konnte“. (75)

Seine innere Unsicherheit kompensierte Carl durch äussere Sicherheit.[111] Erst als ihm ein starkes „Gefühl einer Schicksalsbestimmung sondergleichen“ innere Sicherheit verlieh (53) und er Goethes Faust gelesen, die „Gotteswelt“ der Pflanzen- und Tierwelt zu verstehen angefangen und die Gottesnatur auch in den gotischen Kathedralen erkundet hatte,[112] besserte sich seine „depressive Gemütsverfassung“. (73) Er fasste Mut, in der Schule gelegentlich offen über seine Gedanken zu sprechen, was aber nur Befremden und Spott bei den Mitschülern und „feindselige Ablehnung“ bewirkte (76). „Zu meinem grössten Erstaunen und Missbehagen entdeckte ich, dass ich gewissen Leuten als Aufschneider und ‚blagueur’ galt.“ (76)

---

[109] „Ich hatte eigentlich immer ein schlechtes Gewissen und war mir aktueller Schuld bewusst. Darum war ich für Vorwürfe besonders empfindlich … Wenn ich es auch nicht in Wirklichkeit getan hatte, so hätte ich es wohl tun können.“ (50)

[110] „Die Symbolik in meinen Kindheitserlebnissen und die Gewalttätigkeit der Bilder haben mich aufs äusserste gestört. Ich fragte mich: ‚…Wer hat die Unverschämtheit, einen Phallus so nackt und in einem Tempel darzustellen? Wer macht mich denken, dass Gott so abscheulich Seine Kirche zerstört?’“ (53)

[111] „… oder besser gesagt – der Defekt kompensierte sich selbst … Ich fand mich selber vor als einen, der schuldig ist und zugleich unschuldig sein wollte.“ (50)

[112] „Das war es, was ich dunkel als meine Verwandtschaft mit dem Stein fühlte: Die Gottesnatur in beiden, dem Toten und dem Lebenden.“ (73)

War sich Carl in seiner Vision trotz des zertrümmerten Münsters oder gerade wegen dessen Zerstörung durch Gottes überraschende Tat geradezu überschwänglich Seiner Gnade bewusst geworden,[113] war doch von allem Anfang an auch eine ganz andere Seite Gottes in seinem Erleben präsent. Die an sich sehr kurze eigentliche Vision liess den Allmächtigen vom goldenen Thron eine absolut vulgäre und unanständige Handlung vollziehen, welche das stärkste Symbol baslerischer Kirchlichkeit, das erhabene und prächtige Münster, mit Kot vom Himmel in Trümmer legte.

Glück und Dankbarkeit (45) waren erste Gefühle Carls, nachdem sich durch die Vision die grosse, unerträglich gewordene Spannung in ihm gelöst hatte. Ihnen folgte die „Ahnung, dass Gott etwas Furchtbares sein könnte“ auf dem Fuss (46). „Es war ein furchtbares Geheimnis, das ich erlebt hatte, und es bedeutete für mich eine angstvolle und dunkle Angelegenheit.“ (ebd) Der Knabe wurde „sehr nachdenklich“ (ebd). Er suchte Zuflucht in der Bibel, etwa im Gleichnis vom Pharisäer und dem Zöllner und fand darin Trost, „dass gerade die Verworfenen die Auserwählten seien“. (ebd)[114]

Er fühlte sich gespalten in eine Person Nr. 1, die der Sohn seiner Eltern war, zur Schule ging und im äusseren Leben nicht zu genügen vermochte, und in eine Persönlichkeit Nr. 2, die alt und erwachsen war (50) und das Alleinsein suchte (51).[115] Der „liebe“ Gott seines Vaters war seiner Nr. 2, die für echte Religion sehr empfänglich war, je länger je mehr suspekt.[116] Carl fragte sich mit der Nr. 2

[113] S. o. S. 44.
[114] Jung betont später, dass nur die in seiner Umgebung gängige erbauliche Deutung des Hiobbuches ihn habe davon abhalten können, sich auch für dieses tiefer zu interessieren. Er hätte hier sicher „einen Trost … gefunden, nämlich [in] IX, 30 sq. ‚Wenn ich mich gleich mit Schneewasser wüsche … so wirst du mich doch tuncken in den Koth.'“ (ETG 48)
[115] Zur Entstehung der beiden Persönlichkeiten im Knaben s. gleich u. S. 52-52 (Exkurs 6).
[116] „Wenn ich ihn über die Gnade predigen hörte, dachte ich immer an mein Erlebnis [sc. der Vision vom zerstörten Basler Münster]. Was er sagte, klang schal und hohl, wie wenn einer eine Geschichte erzählte, die er selber nicht ganz glauben kann oder nur vom Hörensagen kennt.“ (ETG 48)

allen Ernstes, ob sein Vater ihn auch “als Menschenopfer abstechen lassen (könnte) wie Isaak?“ (52) Ob er ihn auch der Kreuzigung ausliefern könnte „wie Jesum“? (ebd) Nein, sein Vater konnte dies „ganz und gar“ nicht! (ebd) Er würde solche Fragen „mit heiliger Scheu behandeln, schon aus reiner Furcht vor dem Gott, der übermächtig Seinen erschreckenden Willen beim hilflosen Menschen durchsetzen kann“. (ebd)

So erschienen also dem Knaben Carl Jung mit der Zeit das Licht und die Dunkelheit Gottes als Tatsachen, die ihm verständlich werden konnten (69). Wenn ihm die „entsetzliche Geschichte mit dem Münster“ auch aufgezwungen wurde, so war sie für ihn doch eine der allersichersten, unmittelbarsten Erfahrungen (67). Sie wurde ihm aufgedrängt, „und ich wurde mit grösster Grausamkeit gezwungen, sie zu denken“, worauf ihm „unaussprechliche Gnade zuteil (wurde)“. (ebd) Er hatte jenen „Einfall von Gott und dem Münster nicht selber gemacht, noch viel weniger jenen Traum“, der ihn, als er drei Jahre alt war, „befallen hatte … Ein stärkerer Wille als der meinige, der mir beides aufgenötigt hatte, (war es).“ (61)[117] Auch Jesus, der doch die Liebe und Güte des guten Vaters gelehrt hatte, verzweifelte am Kreuz und sah „*die Furchtbarkeit Gottes*“ (60; kursiv AFZ). Gott begegnet den Menschen einesteils in unaussprechlicher Gnade, andernteils in vernichtendem Schrecken.[118]

[117] In den späteren Jahren heftiger Diskussionen mit seinem an Gott verzweifelnden Vater (1892 bis 1894) habe Carl den Münstertraum nun „zutiefst“ verstanden: „Gott selber hatte in meinem Traum die Theologie und die darauf gegründete Kirche desavouiert. Andererseits hatte er die Theologie, wie so vieles andere, zugelassen … Mit der ‚theologischen Religion’ konnte ich nichts anfangen; denn sie entsprach nicht meinem Gotteserlebnis.“ (98f)

[118] „Gott allein war wirklich – ein verheerendes Feuer und eine unbeschreibliche Gnade.“ (61)

Exkurs 6: Déjà-vu-Erlebnisse Carls

Als Carl morgens einmal auf dem langen Schulweg von Kleinhüningen nach Basel war, kam plötzlich ein überwältigendes Gefühl über ihn, „soeben aus einem dichten Nebel herausgekommen zu sein, aus dem Bewusstsein, jetzt bin ***ich***". (ebd) Bis anhin machte es mit ihm, jetzt aber wollte ***er***. Er fühlte auf einmal Autorität in sich: „Es war ‚Autorität' in mir." (39)

Die Erfahrung eines solchen Selbstbewusstseins wiederholte sich, als ihn ein Freund ins Weekendhaus seiner Eltern mit Bootshaus an den Vierwaldstättersee mitnahm und Carl mit dem Boot dort unerlaubterweise „freihändig in den See stiess"[119]. Der Vater des Freundes, ein Fabrikant, verpasste ihm darauf eine heftige Strafpredigt. Carl nahm die Schelte kleinlaut, aber zerknirscht zur Kenntnis. „Gleichzeitig packte mich aber eine Wut, dass dieser dicke, ungebildete Klotz es wagen konnte, ***mich*** zu beleidigen. Dieses ***mich*** war nicht bloss erwachsen, sondern bedeutend, eine Autorität, eine Person in Amt und Würden, ein alter Mann, Gegenstand von Respekt und Ehrfurcht." (ETG 39)

Auf dem Höhepunkt seiner inneren Wut hielt Carl inne und musste sich sagen, dass er zwar nur ein Schuljunge sei, der Vater seines Freundes aber ein mächtiger Mann mit zwei Häusern und mehreren prächtigen Pferden im Stall. (ebd) „Da fiel mir zu meiner grössten Verwirrung ein, dass ich eigentlich und in Wirklichkeit zwei verschiedene Personen war. Die eine war der Schuljunge ... die andere war ein Mann, der nicht mit sich spassen liess, mächtiger und einflussreicher als dieser Fabrikant. Er aber war ein alter Mann, der im 18. Jahrhundert lebt und Schnallenschuhe trägt ..." (40)[120]

---

[119] Ebd; in Kleinhüningen war dies erlaubt. Die jungen Männer fuhren mit Stocherkähnen, man stand in den Weidlingen zum Rudern (s. Bild Nr. 40 bei HUGGER 41).

[120] Damit war die Selbsterfahrung Jungs geboren, aus zwei verschiedenen Persönlichkeiten zu bestehen, Nr. 1 („äusserer Mensch") und Nr. 2 („innerer Mensch"), s. ETG 50f.63.71.80-82 etc.

Carl hatte in Kleinhüningen ein Déjà-vu-Erlebnis gehabt. Als eine alte Kalesche (Kutsche 18. Jhdt.) aus dem Schwarzwald am Pfarrhaus vorbei fuhr, hatte er „das aufregende Gefühl: ‚Da haben wir es ja! Das ist ja aus ***meiner*** Zeit!'" (ETG 40) Dann war ihm, als hätte ihm jemand diese seine alte Zeit gestohlen. „Ich kann nicht beschreiben, was damals in mir vorging, oder was es war, das mich so stark berührte: eine Sehnsucht, ein Heimwehgefühl, oder ein Wiedererkennen: ‚Ja, so war es doch! Das war's doch!'" (ebd)

So scheint es nicht verwunderlich, dass der verwirrte Knabe noch weitere Verbindungen zum 18. Jahrhundert spürte. Er hatte im Haus einer Tante eine bemalte Terracotta aus diesem Jahrhundert gesehen, die den alten Dr. Stückelberger[121] mit einer Patientin darstellte, die ihm die Zunge herausstreckte, was auf den sensiblen Knaben grossen Eindruck machte. Die Figur des alten Doktors hatte Schnallenschuhe an den Füssen, welche der Knabe Carl als den seinen ähnliche wahrnahm. Er war sogar überzeugt, dass dies seine Schuhe seien, die er getragen habe, was ihn ganz konfus machte. „Ich fühlte noch diese Schuhe an meinen Füssen, konnte mir aber nicht erklären, wie ich zu dieser wunderlichen Empfindung kam. Wieso gehörte ich ins 18. Jahrhundert?" (41)

Noch war das Heimwehgefühl nach dem 18. Jahrhundert nicht so stark, dass es sich eigenständig neben das Jetztgefühl stellte. Zwar empfand sich Carl nach der Episode am Vierwaldstättersee als in zwei Personen in zwei Zeiten lebend. Aber er gab der sichtbaren Realität doch den Vorzug: „Ich war von diesem Befund verwirrt und mit Nachdenklichkeit bis an den Rand gefüllt. Schliesslich kam ich doch zu der enttäuschenden Erkenntnis, dass ich jetzt wenigstens nichts als der kleine Schuljunge sei, der seine Strafe verdient und sich seinem Alter entsprechend zu benehmen habe." (ebd 41)

---

[121] „... eine stadtbekannte Persönlichkeit aus dem Basler Leben Ende des 18. Jahrhunderts." (ETG 40)

2.3. Die Erfahrung des Deus absconditus

Carl konnte aufgrund seiner negativen Erfahrungen mit dem „hêr Jesus“ aus dem Umfeld der väterlichen Berufsexistenz mit Christus zwar noch nichts anfangen, umso mehr aber im Alter von gegen elf Jahren mit der „Gottesidee“. Er stellte sich Gott durchaus irgendwie wie einen mächtigen alten Mann vor, aber zu seiner grossen Befriedigung hiess es doch, man solle sich kein Bild von ihm machen. Ihm dämmerte, es könnte hier um eine gewisse Analogie zu seinem Geheimnis auf dem „oberen“ Estrich gehen: „Man konnte also nicht so familiär mit ihm tun, wie mit dem ‚hêr Jesus', der kein ‚Geheimnis' war.“ (ETG 34)

Die Idee des Deus absconditus war im Knaben also schon da, wenn auch vielleicht erst im Stadium eines Keimes. Er spürte aus seinen frühen geheimen Erfahrungen mit dem Unbewussten in allem eine tiefe Hintergründigkeit. „Dieser Besitz an Geheimnis hat mich damals stark geprägt ... So habe ich auch den Traum vom Phallus in meiner Jugend nie jemandem erzählt, und auch der Jesuit gehörte zu dem unheimlichen Reich, über das man nicht reden durfte. Die kleine Holzfigur mit dem Stein war ein erster unbewusst-kindlicher Versuch, das Geheimnis zu gestalten.“ (ETG 28) Und wenn man dem Knaben religiöse Inhalte oder Normatives einprägen wollte, dachte er bei sich selbst: „Ja, aber es gibt noch etwas sehr geheimes Anderes, und das wissen die Leute nicht.“ (ETG 29)

Für jemand, der derart offen für die seelische Realität des Deus absconditus wird, scheint es nur eine Frage der Zeit und der sich bietenden Gelegenheit (in überaus glücklichem Moment) zu sein, bis aus dem Inneren tiefdunkle Gedanken aufsteigen. Im frühreifen, überaus sensiblen Knaben, der bereits angefangen hatte, das christliche Gottesbild zu hinterfragen, stieg ein lähmender Zweifel auf: ***„... hier kam ein Loch und ein erstickendes Gefühl.“*** (ETG 42) Den Knaben traf es mit dem Einwurf der „Sünde wider den Heiligen Geist“

besonders hart, einem der perfidesten Zweifel in der Seele aufrichtiger Menschen, welchen die Wirkungsgeschichte eines Bibelwortes (hier Mt 12,32f) je hervorgebracht hat.[122]

In der Vision vom zerstörten Basler Münster löste sich dem Knaben nicht nur die grosse seelische Spannung der letzten über 48 Stunden. Ihm wurde in hohem Masse zuteil, Gott zu erfahren, wie er wirklich ist. Carl hatte endlich etwas „Tatsächliches" gefunden, „das zum grossen Geheimnis gehörte", welches für ihn schon als Kind zur eigentlichen Mitte des Lebens gehörte (47). In ihm bestärkte sich die Erkenntnis immer deutlicher, dass er in seiner nächtlichen Vision wirklich Gott erfahren hatte. Wer sonst als Gott hatte ihm den „Einfall" vom Münster und den Phallustraum von Laufen gegeben? „Es war ein stärkerer Wille als der meinige, der mir beides aufgenötigt hatte ... Gott allein war wirklich..." (61)[123]

Aber das beschämende Erlebnis war doch die deutliche Manifestation eines dunklen Gottes. Carl war „in etwas Übles hineingestossen, in etwas Böses oder Finsteres, und es war doch zugleich wie eine Auszeichnung". (47) Wie brutal der dunkle Gott mit einem Menschen umgehen kann, ist am Beispiel Carls bereits deutlich geworden. Stehen die Gefühle nach der Vision, „etwas Verworfenes", „ein Teufel oder Schwein" zu sein, die Schuldgefühle und die Scham, welche „vulgär und lächerlich" waren, ein „teuflisches Gelächter", vielleicht in einem Zusammenhang mit der vulgären Art, wie Gott in der Vision das erhabene, saubere Basler Münster verunehrt und zertrümmert? Ich hüte mich, die Münstervision tiefenpsychologisch deuten zu wollen, da mir dazu das fachliche Instrumentarium und dazu notwendige Wissen fehlt.

---

[122] S. o. S. 41.

[123] „Damals wurde mir plötzlich klar, dass Gott, für mich wenigstens, eine der allersichersten, unmittelbaren Erfahrungen war." (67)

Von nun an war für Carl klar, dass für ihn „fassungslose Verzweiflung", „übermächtige Ergriffenheit" und „strömende Gnade" „das Wesen Gottes ausmachten". (ETG 60) Jung steht somit, was seine Begegnung mit dem ganzen Gott anbelangt, dem dunkel erschreckenden und hellleuchtend gnädigen, in *einer* Reihe mit jenen Menschen, die in fortschreitender Bewusstseinsentwicklung Gott als verborgenen und geheimnisvoll heilenden erfahren haben. Jung gehört in die Linie jener Menschen, die seit dem Jahweglauben in Israel über Jesus, Paulus und den christlichen Apokalyptiker Johannes, die Mystikerinnen und Mystiker bis hin zu Martin Luther erlebten, dass die Erfahrung des dunklen Gottes unge-ahnte Kräfte für den Einzelnen und die Gesellschaft freizulegen imstande ist, sofern sich der Einzelne der Auseinandersetzung mit dem Deus absconditus und dem Unbewussten zu stellen bereit ist.[124]

Jung war seit der Erfahrung der Münstervision für immer klar, dass Glaube Erfahrung und nicht abgestandenes Dogma oder entleerter Ritus ist. Wenn er durch dieses Erlebnis auch besonders mit dem „leeren Kirchenglauben" seines Vaters und der ganz und gar unbefriedigenden Abendmahlspraxis in der Kleinhüninger Kirchgemeinde als Konfirmand abrechnete, so gilt seine Einsicht aus der Vision doch für sein ganzes späteres Leben und Wirken. Der Dreiundachtzigjährige schreibt Jahrzehnte später in der Retrospektive, als wäre es gestern gewesen: „Man nennt das ‚christliche Religion', aber das hat ja alles mit Gott, wie ich Ihn erfahren habe, nichts zu tun." (60)

[124] Genaueres s. Anhang S. 112-145.

3. Teil: *complexio oppositorum* im Gottesbild C.G. Jungs

In diesem 3. Teil gehe ich dem Gottesbild nach, das unseren Erörterungen implizit immer schon zugrunde lag, Gottes als einer *complexio oppositorum*. Es geht darum, Gott jenseits kirchlicher Konventionen und Einseitigkeiten in seiner Ganzheit verstehen zu lernen, wobei das Bild, das ich von Gott habe, von meinem Bild des Menschen zwar zu unterscheiden, aber auch nicht zu trennen ist.

In der Auseinandersetzung mit der Monographie von Andreas Schweizer über die Entwicklung des Gottesbildes des Deus absconditus vom Alten Testament bis hin zur europäischen Mystik, zum jungen Luther und zur archetypischen Psychologie Jungs wurde mir klar,[125] in welchem tieferliegenden Traditionsstrom auch der Knabe Carl Jung gestanden hat, wenn er Gott in der Münstervision in seiner dunklen und erschreckenden Seite erfahren hat, auch wenn ihm zunächst Gottes befreiende Gnade noch ungeteilt zuteil geworden war.

Auch wenn ich mir als Theologe keineswegs anmasse, der Vision vom Psychologischen her wirklich gerecht werden zu können, erlaube ich mir doch die Frage, ob sie nicht eine *Kompensation* einer gewissen Überheblichkeit des Knaben Carl sei. In GW 7 hat der spätere Jung festgestellt, die Psyche sei ein „System mit Selbstregulierung". (7, 67 § 92) Es gebe „kein Gleichgewicht und kein System mit Selbstregulierung ohne Gegensatz". (7, 66 § 92) Die Auseinandersetzung Carls mit dem Unbewussten, die bei ihm ausserordentlich früh und intensiv eingesetzt hat, ist wohl ein gutes Beispiel für diese „Manifestation der aus der Gegensatzspannung hervorgehenden Energie". (GW 7, 87, § 121) Diese besteht „in einer Abfolge von Phantasievorgängen, die spontan in Träumen und Visionen auftreten". (aaO) [126]

---

[125] S. Anm. 124.

[126] Dr. Andreas Schweizer hat gegenüber der folgenden „Psychologisierung" der Münstervision Bedenken (s. Vorwort o. S. 5). Der Einbruch einer solchen Vision komme aus dem Archetypischen und sollte nicht mit der Psyche des Knaben vermischt werden. Deshalb treffe auch meine Beurteilung der Jungschen Sichtweise Jesu und der Jesusbewegung aus dogmatischen Vorstellungen („Vorurteilen") der späteren Kirche (s. o. S. 13) nicht zu; denn auch hier wolle Jung Archetypisches darstellen (Literaturempfehlung: Marie-Louise von Franz,

3.1. Die Gegensatzproblematik nach C.G. Jung

In seiner „Autobiographie“ lässt Jung verschiedentlich durchblicken, dass die Gegensatzproblematik und deren Weiterentwicklung in der Erfahrung von Ganzheit gleichsam das Thema seines ganzen Lebens und Werkes gewesen sei. Schon etwa 1893 berührte ihn das Phänomen der Polarität von Gut und Böse, Geist und Stoff, Hell und Dunkel „aufs Tiefste“. (ETG 239) Die Gestalt des Faust in Goethes Drama, welches der unglaublich frühreife Carl schon im Alter von etwa elf Jahren las (210), stiess in ihm „mit seiner dunklen Seite, mit seinem unheimlichen Schatten, Mephistopheles, zusammen“. (239)[127] Und im Zusammenhang mit seinem Studium der Alchemie bekennt Jung im Lebensrückblick, „dass ein grosser Teil meiner Lebensarbeit der Erforschung der Gegensatzproblematik ... gewidmet war ...“ (ETG 237)

Stefanie Zumstein-Preiswerk[128] gibt Aussagen der Kusinen Luggy, Helly und Emma an, die besagen, Carl habe im zwölften Jahr angefangen, sich mit Goethes Faust zu beschäftigen. Jung selber schreibt, er habe im Vergleich zu Goethes Hauptwerk (ETG 210) *sein* hautsächliches Lebenswerk, die Erarbeitung der Gegensatzproblematik (mit Goethes Faust), in seinem elften Jahr angefangen. *Wollen wir Jung darin Glauben schenken, wäre die Münstervision auch schon eine Wirkung seiner frühen Faustlektüre.* Das kann ich mir gut vorstellen.

Allerdings gibt auch die genaue Datierung der Münstervision zu Fragen Anlass. Der Zwischenfall des Sturzes auf dem Münsterplatz „im Frühsommer 1887“ (36) soll ja zu einem Monate dauernden Krankheitsurlaub Carls von der Schule geführt haben („Mehr als ein halbes Jahr lang blieb ich der Schule fern ...“ [ebd]). Wie kann dann der Knabe den Anfall

---

Nike und die Gewässer der Styx, in: dies., Archetypische Dimensionen der Seele, Einsiedeln, 1994).

127 „*Meine inneren Gegensätze* erschienen hier dramatisiert.“ (ETG 239)

128 ZUMSTEIN 113.

von Zweifelattacken, die schliesslich zur Vision vom zerstörten Münster geführt haben, „an einem schönen Sommertag desselben Jahres (1887)“ (42) erlebt haben? Blieb der Knabe der Schule doch nicht für ganze sechs Monate fern? Hat Jung in der Beschreibung seiner Neurose und deren Folgen im Alter übertrieben? Immerhin weiss er von dieser Zeit auch davon zu berichten, dass er zu Hause noch hätte Schularbeiten erledigen sollen, diese aber von Ohnmachtsanfällen immer wieder verhindert worden seien. (36) Oder kann überhaupt mit der Chronologie, wie auch ZUMSTEIN aaO meint, etwas nicht stimmen?

Jedenfalls unterstreicht der Dreiundachtzigjährige, der ja ausdrücklich nicht an genauer Chronologie interessiert war (ETG 10), *wie bedeutungsvoll die beiden Ereignisse auf dem Münsterplatz im Frühsommer 1887 für sein Leben waren.*

Ausgerechnet in der Begegnung mit aussereuropäischen Kulturen beobachtete Jung, wie die Gegensätze zur Einheit werden können. In einem **Palaver am Mount Elgon**[129] in Uganda mit einem Laibon (Medizinmann) (ETG 268-271) lernte er ein Totenritual kennen, in welchem die Worte des Laibons und eine zum Ritual gehörende Milchspende *„die Gegensätze (vereinigen)*“. (271) – In **Indien** beobachtete er, dass zwar „die indische Geistigkeit ebenso viel vom Bösen hat wie vom Guten“. (279) Aber der Inder fühlt sich mit Meditation und Yoga ausserhalb von Gut und Böse, so dass man „paradoxerweise sagen könnte, die indische Geistigkeit entbehre ebenso sehr des Bösen wie des Guten, oder aber sie sei dermassen von Gegensätzen belastet, dass sie des Nirvanda, der *Befreiung von den Gegensätzen* … bedürfe“. (279f) Jung beobachtete, dass es im Gegensatz zum westlichen Menschen auch dem gebildeten Chinesen möglich ist, die psychologische Natur des Bösen zu integrieren. (279)

[129] WIKIPEDIA Art. „Mount Elgon“. Ich habe zur Zeit keine bessere Quelle zur Hand, um mich geographisch ins Bild zu setzen, wo Jung auf seiner Afrikareise genau war; zum (sparsamen und vorsichtigen) Gebrauch von WIKIPEDIA für die wissenschaftliche Arbeit s. den Artikel „Zwischen Wissen und Besserwisserei“ von Oliver Hochadel über den Basler Historiker PD Dr. Peter Haber in der Berner Zeitung vom 17. Juli 2010, 37. Haber ist Fachmann in der Frage der Benutzung des Internet in den Geschichtswissenschaften. Er erlaubt seinen Studierenden, in den Seminararbeiten Wikipedia zu zitieren, wenn sie begründen können, warum es nicht anders geht.

Gelegentlich deutet Jung an, dass sich die Vereinigung der Gegensätze im Tod vollzieht. Am Tag vor dem Tod seiner Mutter erschreckte ihn ein Traum von einem sehr finsteren Urwald, in dem plötzlich ein gellender Pfiff erschallte und aus dem Gebüsch „ein riesiger Wolfshund mit einem furchtbaren Rachen" sprang. Jung wusste sogleich, dass es der „Wilde Jäger" war, der dem archaischen Hund befohlen hatte, einen Menschen zu „apportieren". Und als er am Morgen noch ganz erschüttert war, erreichte ihn die Nachricht vom plötzlichen Tod seiner Mutter. (ETG 316) Es war Wotan, ein Naturgeist, der als „spiritus Mercuralis" zum gesuchten Arcanum der Alchemisten geworden ist. (ebd) „So sagt der Traum, dass die Seele meiner Mutter in jenen grösseren Zusammenhang des Selbst aufgenommen wurde …, nämlich in die den Gegensatzkonflikt umfassende *Ganzheit von Natur und Geist*." (ebd)

Betrachtet man den Tod vom Standpunkt der Seele aus, dann erscheint er als freudiges Ereignis. „Sub specie aeternitatis ist er ein Mysterium Conjunctionis. Die Seele erreicht sozusagen ihre fehlende Hälfte, *die Ganzheit*." (317) – Es darf in diesem Zusammenhang gewiss auf das Sterben C.G. Jungs selbst verwiesen werden. Obwohl sehr geschwächt und in seinen letzten Lebensmonaten noch mit Editionsproblemen befasst (BAIR 880f), hatte er noch „grosse" Träume. Zum Beispiel sah er im letzten Traum, der von Ruth Bailey aufgezeichnet wurde, die ihn als Vertraute in den letzten Wochen pflegte, auch ein wunderbares *Bild von der Ganzheit und Einheit:*

„1) In grosser Höhe sah er an öder Stelle einen grossen, runden Steinblock, auf dem folgende Inschrift stand: ‚Dies sei für dich ein *Zeichen der Ganzheit und Einheit*.'

2) Viele Gefässe und Vasen auf der rechten Seite eines viereckigen Platzes.

3) Um ihn herum wachsen schützend in einem Viereck Bäume mit faserigen Wurzeln. Zwischen den Wurzeln leuchten goldene Fäden hervor."[130]

---

[130] Barbara Hannah, C.G. Jung. Sein Leben und Werk, 453. Vgl. auch BAIR 883.

Zwar konnte er nach zwei Schlaganfällen zuletzt überhaupt nicht mehr sprechen, aber am Tag vor seinem Tod[131] erlangte er noch einmal das Bewusstsein, verlangte aus dem Keller eine Flasche Wein, freute sich aufs Anstossen in der kleinen Gruppe von Vertrauten und genoss die paar Tropfen, die er noch zu schlürfen vermochte. (BAIR 884)

In den „Späten Gedanken" (ETG 330-356) war Jung noch auf die Konsequenzen seiner archetypischen Psychologie für das ethische Handeln zu sprechen gekommen. Es kann nicht mehr darum gehen, dass das Gute *den* kategorischen Imperativ bildet und das Böse partout zu vermeiden ist. (332) „Durch die Anerkennung der Wirklichkeit des Bösen wird das Gute als die eine Hälfte eines Gegensatzes notwendigerweise relativiert. Das Gleiche gilt für das Böse. Beide zusammen bilden nun *ein paradoxes Ganzes*." (aaO)

Damit verlieren die Gegensatzpole ihren absoluten Charakter, und wir werden zwangsläufig nur noch von Urteilen, nicht mehr von Imperativen sprechen. Der Einzelne bedarf der Selbsterkenntnis, die ihn nicht mehr ängstlich nach Regeln und Gesetzen umsehen lässt, d.h. „einer *bestmöglichen Erkenntnis seiner Ganzheit*". (333) – Auch hier gibt uns Jung einen guten Ansatz an die Hand, die Absolutheit moderner Fundamentalismen jeder Spielart zu überwinden.[132]

---

[131] Carl Gustav Jung wurde am 26. Juli 1875 in Kesswil TG am Bodensee geboren und entschlief am 6. Juni 1961 in Küsnacht ZH am Zürichsee. Auf seinen Grabstein liess er nach I Kor. 15,47 (Vulgata) die Worte meisseln (Aniela Jaffé, C.G. Jung. Bild und Wort 217): VOCATUS ATQUE NON VOCATUS DEUS ADERIT / PRIMUS HOMO DE TERRA TERRENUS SECUNDUS HOMO DE CAELO CAELESTIS. „Gerufen oder vielmehr ungerufen: Gott wird da sein. Der erste Mensch ist von der Erde, irdisch; der zweite Mensch ist vom Himmel, himmlisch."

[132] *Alle Hervorhebungen durch Kursivschrift in 3.1. stammen von mir, AFZ.*

3.2. Die Münstervision als Kompensation rsp. Vereinigung der Gegensätze?

Jung spricht gelegentlich von einer „gewissen Inflation", die sein Selbstgefühl steigerte (z.B. ETG 31.32). Sein Vater hatte ihm schon im Vorschulalter Lateinstunden erteilt (23), so dass er bereits in den ersten Schuljahren – gewiss nicht ohne Selbstgefälligkeit – seinen Kameraden mit lateinischen Ausdrücken um die Ohren schlug. (BAIR 43) Wurde er im Gymnasium vom Turnunterricht dispensiert, so geschah dies nicht bloss aus gesundheitlichen Gründen, sondern wohl auch, weil er recht „abgehoben" war. Ihm sollte niemand vorschreiben, wie er sich zu bewegen habe: „Ich ging zur Schule, um etwas zu lernen, und wollte keine unnütze und sinnlose Akrobatik treiben." (ETG 41; s. o. S. 32)

Die Geheimnisse, die er als Knabe schweigend mit sich herumtrug (Phallustraum [„habe ich in meiner Jugend nie jemandem erzählt"], Jesuit, Holzmännlein) (28), werden das ihre beigetragen haben. So galt er denn auch nach seinem Erlebnis der Münstervision am Gymnasium als „blagueur" (s. o. S. 48).

Stefanie Zumstein-Preiswerk weiss zu berichten, er habe seinen Kusinen 1894 auf einem Besuch des Historischen Museums in der Barfüsserkirche vor dem Wappen seines Grossvaters gleichen Namens damit geprahlt, dieser sei ein natürlicher Sohn Goethes gewesen, der grosse Dichter sei also sein Urgrossvater gewesen. (ZUMSTEIN 48f; vgl. ETG 238)

Aufschlussreiche Einzelheiten aus einer studentischen Runde erzählt Gustav Steiner, ein Studienfreund Carls: „... (bald) steckten wir mitten drin in dem, was vorher das Gelächter der Jungen ... erregt hatte: er sprach von Goethes Faustdichtung ... und als ich mich begeistert aussprach, kam er auf den genealogischen Zusammenhang zurück, den die Neulinge mit Gelächter quittiert hatten ... zum ersten Mal vernahm ich jetzt durch Jung, dass sein Grossvater, nach der Überlieferung, ein natürlicher Sohn Goethes, er also Goethes Urenkel sei."[133]

---

[133] Gustav Steiner, Erinnerungen an Carl Gustav Jung aus der Studentenzeit. Zur Entstehung der Autobiographie, Basler Stadtbuch 1965, 137 (zitiert in ZUMSTEIN 130 Anm. 100).

Zurück zum Sommer der Münstervision. Carls Selbstwertgefühl hatte sich schon damals in der Weise gesteigert, dass er auf seinem langen Schulweg von Kleinhüningen nach Grossbasel eines Tages plötzlich von einem starken Gefühl überwältigt wurde mit dem „Bewusstsein": „Jetzt bin *ich.*" (38) Und er fühlte eine grosse Autorität in sich. (39) In seinem Innern bildete sich die Ahnung, „dass ich eigentlich und in Wirklichkeit zwei verschiedene Personen war. Die eine war der Schuljunge … die andere war ein Mann, der nicht mit sich spassen liess, mächtiger und einflussreicher als dieser Fabrikant." (40)[134]

Sollte die Vision von der Gottheit, die am Himmel auf einem goldenen Thron sass und das Basler Münster mit einem riesigen „Exkrement" nicht nur beschmutzte, sondern gar in Trümmer legte, also nicht ein kompensatorischer Ausgleich zu diesem (allerdings gespaltenen) Bewusstsein von Grösse und ganz besonderer Individualität und Wichtigkeit sein? Schaffte das Unbewusste im Knaben Carl mit dieser Vision nun nicht eine gewisse Gegensatzvereinigung? Kündete sich darin bereits die Heilung des Knaben an, wie sie Monate später im Erlebnis des im Kleinhüninger Pfarrhausgarten mitgehörten Gesprächs des Vaters mit einem Freund (ETG 37f) über ihn vollends durchbrach?[135]

Noch Jahre später wirkte die Vision im Knaben nach. Die Konflikte mit seinem Vater verstärkten sich, die beiden zogen sich schliesslich voneinander zurück, „jeder mit seinem spezifischen Minderwertigkeitsgefühl". (98) Das tragische Los seines Vaters beschäftigte Carl sehr: seine Einsamkeit, seine Zweifel, seine Verstrickung in eine Kirche und eine Theologie, die ihm „alle Möglichkeiten, unmittelbar zu Gott zu gelangen, verrammelt hatte". (aaO) „Jetzt verstand ich

---

Aniela Jaffé meint, die Legende der Abstammung Jungs von Goethe, die nachmalig viel zu reden gegeben hat, habe Jung einerseits behagt, ihn anderseits ärgerlich gestimmt, weil sie „von schlechtem Geschmack" sei. (ETG 400) – Musste Jung später für jugendlichen Hochmut büssen? Vgl. auch ZUMSTEIN 113-119.

[134] S. Exkurs 6 o. S. 51f. Schon der erwähnte Fabrikant war „ein mächtiger Mann mit zwei Häusern und mehreren prächtigen Pferden im Stall". (ETG 39) Wer war dann erst Carl?

[135] S. o. S. 35.

zutiefst mein Erlebnis: Gott selber hatte in meinem Traum[136] die Theologie und die darauf gegründete Kirche desavouiert.“ (ebd)

Auch mit dem Tod des Vaters, mit welchem Carl trotz tiefgreifender Differenzen sehr verbunden war (1896), waren die Wirkungen des Erlebnisses von 1887 noch keineswegs ausgeschöpft. Nachdem Jung in der „Autobiographie“ von der Zeit der Anfänge seiner Beschäftigung mit der Alchemie – nach Beginn der Zusammenarbeit mit Richard Wilhelm (1928) – berichtet hat, bekennt er seine „innere Beziehung zu Goethe“ (209), der im Faustdrama das „Hauptgeschäft“ seines Lebens sah. (210) Und er fügt bei, er sei „vom gleichen Traum ergriffen“ und habe ein Hauptwerk, das in seinem elften Jahr[137] angefangen habe. „Mein Leben ist durchwirkt und zusammengefasst durch ein Werk und ein Ziel, nämlich: in das Geheimnis der Persönlichkeit einzudringen.“ (210)

Immer wieder wies Jung auf die Möglichkeit hin, dass schon die frühen Träume seinen Weg entscheidend geprägt hätten, zuletzt im „Rückblick“, den letzten Seiten seiner „Autobiographie“. (357-361) „Ich weiss nicht, was es ausgelöst hat, dass ich den Strom des Lebens wahrnehmen kann. Es war wohl das Unbewusste selber. Vielleicht waren es die frühen Träume. Sie haben mich von Anfang an bestimmt.“ (357) – Auch die Einsamkeit begann „mit dem Erlebnis meiner frühen Träume …“ (358)

[136] Gelegentlich spricht Jung von der Vision rsp. dem „Gedanken“ (ETG 45) als von einem Traum. Offenbar ist es letzten Endes nicht von Belang, ob das Unbewusste in der Nacht oder am Tag in uns durchbricht, ob Carl geschlafen hat, als ihm das starke Bilderlebnis widerfuhr, oder ob es im Wachzustand über ihn kam, wie Jung berichtet („Ich war … erwacht und setzte mich im Bett auf … fasste allen Mut zusammen … und liess den Gedanken kommen…“ (ebd 45) S. auch o. S. 44. „Einfall“ heisst die Vision in ETG 27.30f.34.61.

[137] S. auch oben S. 57f.

3.3. Gott als *complexio oppositorum* in der „Autobiographie" C.G. Jungs

Gott ist nach Jung im christlichen Mythus, aus dem das Abendland lebt, eine *complexio oppositorum.* (343) Dieser wurde indessen leider trotz Eckhart, Jacob Böhme und anderen Mystikern nicht weiterentwickelt, so dass er verstummte und keine Antwort mehr gibt. (334) Gottes Wort, das uns geschieht und das wir erleiden, kommt ungefragt und unvermittelt zu uns. Bei Gott allerdings ist im wahrsten Sinn des Wortes alles möglich: Wahrheit und Täuschung, das Gute und das Böse. „Der Mythos kann zweideutig sein wie … ein Traum." (aaO)

Weil Gott nach Auffassung des Christentums in jeder Person der Trinität ganz und gar gegenwärtig ist und auch in jedem Teil des ausgegossenen Heiligen Geistes wohnt, kann jeder Einzelne an Gott, an der filiatio (der Gotteskindschaft), teilhaben. (336) „Die *complexio oppositorum* tritt damit in den Menschen ein, und zwar nicht als Einheit, sondern als Konflikt, indem sich die dunkle Hälfte des Bildes an der bereits rezipierten Vorstellung stösst, dass Gott ‚licht' sei." (aaO; Hervorhebung AFZ) Dieser Vorgang ereignet sich heute in der menschlichen Seele, ohne dass er „von den zuständigen Lehrern" als solcher verstanden würde. (336f)

In der analytischen Behandlung zum Beispiel wird der „Schatten" bewusst und damit eine Spaltung offengelegt, und die Gegensatzspannung sucht ihrerseits einen Ausgleich der Einheit. (337f) Die emotional überaus starke und für Jung folgenreiche Vision von der Zerstörung des Basler Münsters mag zeigen, dass sich dieser Vorgang – wenn die Zeit dazu reif ist – auch spontan ereignen kann. „Die Auseinandersetzung zwischen den Gegensätzen geht an den Rand des Erträglichen, wenn man sie ernst nimmt oder wenn man von ihnen ernst genommen wird.“ (338) Das Gottesbild ist „eine Projektion der inneren Erfahrung eines mächtigen Gegenüber.“ (aaO)

Gott – von allem Anfang als Ganzheit gedacht – hat im christlichen Mythos auch dem Menschen „eine Ahnung seiner ganzen Gestalt“ verliehen (331), nachdem der Himmel vor Christus bereits gespalten worden war. „Von der Vorstellung der göttlichen Ganzheit lässt sich zwar nichts abstreifen, aber ohne dass Bewusstheit herrschte über das, was geschah, ergab sich eine Spaltung der Ganzheit.“ (336)[138]

Zum ersten trat ein schlangenartiger Widersacher auf, der mehr Bewusstheit versprach („ihr werdet wissen, was gut und böse ist!“ (Gen 3,5). (330) Zum zweiten geschah im Engelsturz (Henoch) eine überstürzte Inflation von unbewussten Inhalten in der Menschenwelt, welche dem Menschen die andere Seite seines Wesens in schrecklichster Weise aufzeigte. (330-336) Zum dritten verwirklichte sich Gott in der Inkarnationsidee, „in menschlicher Gestalt, in Erfüllung der alttestamentlichen Idee der *Gottesehe“*. (330) „Damit drang die unbewusste Ganzheit in den psychischen Bereich der inneren Erfahrung ein …“ (330f)

Der christliche Mythos ist darin mangelhaft, dass er in Gott bloss den Allmächtigen, Allwissenden und Allgütigen sieht[139] und es einer „unerhörten Kenosis (Entleerung) (bedarf), bei der die Allheit auf infinitesimales Menschenmass reduziert ist.“ (340) Jesus wird im traditionell christlichen Weltbild mit

[138] Dazu leidenschaftlicher in „Antwort auf Hiob“: Was am „Montag“ der Schöpfung nach Gen 1 geschah, „ist die endgültige Trennung der oberen und der unteren Wasser durch die dazwischen befindliche Feste. Es ist klar, dass dieser unvermeidliche Dualismus … nicht recht ins monotheistische Konzept passen wollte, weil er auf eine metaphysische Zwiespältigkeit hinweist.“ (GW 11, 421 § 618)

[139] Eigenartigerweise ist es gerade Jung selbst, der in „Antwort auf Hiob“ passim ironisch-sarkastisch – wie ich wahrnehme – von Gott immer erwartet, allmächtig und allwissend zu sein (z.B. „reut es Jahwe [bei der Sintflut], Menschen gemacht zu haben, *wo doch seine Allwissenheit von Anfang an genau im Bilde darüber war, was mit solchen Menschen geschehen wird* [GW 11, 400 § 574]). Geht er nicht voreingenommen an „Gott“ heran? Muss Gott wirklich per se als allwissend und allmächtig gedacht werden? S. o. S. 13 Anm. 17.

Eigenschaften belegt, die ihn dem gewöhnlichen Menschsein entziehen[140] und ihn der macula peccati, dem Makel der Erbsünde, entheben. (aaO)[141]

Jung folgert daraus, dass der Mythus endlich mit dem Monotheismus ernst machen müsse. Der – offiziell zwar geleugnete – Dualismus habe bis anhin neben dem guten Gott einen ewigen, dunklen Widersacher weiterbestehen lassen. Der erneuerte Mythus „muss die philosophische *complexio oppositorum* eines Cusanus und die moralische Ambivalenz bei Boehme zu Wort kommen lassen. Nur dann kann dem einen Gott auch die ihm zukommende Ganzheit und die Synthese der Gegensätze gewährt werden." (340; Hervorhebung AFZ)

Wer die Gegensatzvereinigung auch in sich selbst erlebt, hat mit der Ambivalenz im Bild eines „Natur- und Schöpfergottes" keine Schwierigkeiten mehr. (341) Im Gegenteil. Er wird den essentiell christlichen Mythos von der Menschwerdung Gottes im einzelnen Menschen als schöpferische Auseinandersetzung mit den Gegensätzen wahrnehmen und ihre Synthese im Selbst,[142] der Ganzheit seiner Persönlichkeit, verstehen. (aaO) „Die notwendigen inneren Gegensätze im Bilde eines Schöpfergottes können in der Einheit und Ganzheit des Selbst

---

[140] Mir scheint, dass Jung erstaunlicherweise permanent von einem dogmatischen altkirchlichen Jesus- rsp. Christusbild ausgeht (Christus als Gott, als Gottes Sohn im gleichsam physischen statt relationalen Sinn wie im aramäischen Sprachraum, Christus als zweite Person der Trinität etc), während wir heute biblisch-theologisch historisch-kritisch von einem „irdischen Jesus" ausgehen, der wohl sogar auch „historisch als der Messias verstanden werden muss" (Peter Stuhlmacher, Vom Verstehen des Neuen Testaments, 247 [fragend unter Verweis auf seine Tübinger Kollegen Otto Betz, Martin Hengel u.a.]).

[141] Vgl. vonFRANZ 150.

[142] „Das Selbst ist ein Grenzbegriff, der uns … mit den begrenzten Möglichkeiten menschlicher Erkenntnis konfrontiert." (HARK 151) Jung versucht damit die „Ganzheit der menschlichen Gesamtpersönlichkeit annähernd zu beschreiben." (ebd 150; GW 6 § 891: „Es drückt die Einheit und Ganzheit der [bewussten und unbewussten] Gesamtpersönlichkeit aus." (HARK 151) Das Selbst steuert und umfasst als Mittelpunkt die psychische Ganzheit, in der die bewussten und die unbewussten Anteile enthalten sind. (150) Dieser Archetypus „verweist auf bewusstseinstranszendente Beziehungsmöglichkeiten", z.B. mit Gott und dem Kosmos. (ebd) „Dieses ‚Etwas' ist uns fremd und doch so nah … Intellektuell ist das Selbst nichts als ein psychologischer Begriff, eine Konstruktion, welche eine uns unerkennbare Wesenheit ausdrücken soll … Sie könnte ebenso wohl als der ‚Gott in uns' bezeichnet werden …" (GW 7 § 398f; HARK 152) S. auch u. S. 68 Anm. 144.

versöhnt werden als *conjunctio oppositorum* der Alchemisten oder als *unio mystica.*“ (ebd; Hervorhebung AFZ) Nun gilt nicht mehr der frühere Gegensatz zwischen Gott und Mensch, sondern der Gegensatz im Gottesbild. „Das ist der Sinn des ... Dienstes, den der Mensch Gott leisten kann, dass ... der Schöpfer Seiner Schöpfung und der Mensch seiner selbst bewusst werde.“ (ebd)

In Anbetracht der globalen modernen Bedrohungen der Menschheit durch die Unbewusstheit des Menschen mit seinen gigantischen Möglichkeiten der Zerstörung (das Böse ist zu einer sichtbaren Grossmacht geworden [334]) taucht im Gottesbild heute mehr denn je die andere Seite des Schöpfers auf. (331) „Das Böse lässt sich nicht mehr durch die Euphemie der privatio boni[143] verharmlosen. Das Böse ist bestimmende Wirklichkeit geworden.“ (aaO)

Deshalb bedarf es einer tiefgreifenden Neuorientierung (Metanoia), die in der *Selbsterkenntnis* des Menschen besteht, „d.h. einer bestmöglichen Erkenntnis seiner Ganzheit“. (333) Der Eros ist Schöpfer und Vater-Mutter aller Bewusstheit, und was immer die gelehrten Interpretationen des Satzes „Gott ist die Liebe“ (I Joh 4,8) sagen, „sein Wortlaut bestätigt die Gottheit als ‚*complexio oppositorum*‘“. (356; Hervorhebung AFZ)

---

[143] Augustin formuliert im Strom der platonischen Philosophie und im Anschluss an die Güterhierarchie Ciceros (Fischer Norbert, Art. Bonum im Augustinus-Lexikon I 671) die “Grundthese, dass alles, was ist, insofern es ist, gut ist ..., das Schlechte aber im Seinsverlust besteht, der ‚priuato boni‘“. (aaO 674; dagegen JUNG, GW 11,504 [Nachwort von „Antwort auf Hiob“]) Vgl. dazu auch Eckhard Frick/Bruno Lautenschlager, Auf Unendliches bezogen, S. 33f.

3.4. *complexio oppositorum* in C.G. Jungs Spätschrift „Antwort auf Hiob" (1952)

Die analytische Arbeit, von der Jung als Arzt und Forscher immer ausgeht, macht den „Schatten" bewusst und erzeugt damit eine starke Gegensatzspannung, die ihrerseits nun wieder den Ausgleich in der Einheit sucht und diesen in Symbolen findet. (ETG 227f) Das Symbol „stellt das Resultat der Kooperation von Bewusstsein und Unbewusstem dar ..." (338) Es erreicht die Analogie des Gottesbildes in der Form des Mandalas, dem einfachsten „Entwurf einer Ganzheitsvorstellung". (aaO) Das Mandala veranschaulicht die *Ganzheit des Selbst*, „mythisch ausgedrückt" ist es die „Erscheinung der im Menschen inkarnierten Ganzheit". (337)[144]

Indem sich die Kreisform für die Imagination sehr gut eignet und den Menschen geradezu übermächtig beeindrucken kann, erkennt dieser, dass das Mandala nicht seiner bewussten Persönlichkeit entspringt, sondern „Mana", „Dämon" oder „Gott" ist. (338f) Die wissenschaftliche Erkenntnis bedient sich in dieser Sache des abstrakten Begriffs des „Unbewussten", um das fremde Subjekt ausserhalb des menschlichen Ich zu bezeichnen, welches ihm in seinen Wirkungen *geschieht*, ohne dass es *gemacht* werden könnte. (339) Jung spricht von „Gnade". (z.B. 338) Die Gnade ist (wie bei den Alchemisten) eine zentrale Grunderfahrung für Jung. (s. auch o. S. 44.55 etc)

Begriffe wie „Gott" oder „Dämon" haben den grossen Vorteil der weit besseren Objektivierung des Gegenübers, so dass *Personifikation* und damit grössere „emotionale Qualität" möglich wird. (339f) Damit wird der ganze Mensch herausgefordert und tritt mit seiner ganzen

[144] Zum Selbst bei Jung s. ausser o. Anm. 142 Eckhard Frick/Bruno Lautenschlager 81-91 und 147 (Zitat GW 2 § 755: „Das Selbst ist der teleios anthropos, der vollständige Mensch..." – „Der Begriff des ‚Selbst' ist für ihn [Jung] das Kernelement des Unbewussten." (81) „Ich kann mich ausrichten auf das Selbst (zentripetal) oder ich kann mich verlieren (zentrifugal) in der Selbst-Entfremdung... das Selbst ist grösser als mein kleines Ich." (83)

Wirklichkeit „in den Kampf… Nur auf diese Weise kann er … in die menschliche Wirklichkeit eintreten und dem Menschen in der Gestalt des ‚Menschen' sich zugesellen." (340)

Marie-Luise von Franz hat beschrieben, wie sich für Jung an dieser Stelle eine Schwierigkeit ergeben hat, die ihn zeit seines Lebens beschäftigt hat und ihren Ausdruck in Jungs Spätschrift „Antwort auf Hiob" gefunden hat (von FRANZ 150f): Wie kann sich der „liebe" Gott des christlichen Gottesbildes im Menschen inkarnieren, wenn dieser gespalten, in sich uneins ist? „Das christliche Gottesbild kann sich im empirischen Menschen nicht ohne Widerspruch inkarnieren." (ETG 340; von FRANZ 150)

Exkurs 7: Von der Basler Münstervision 1887 zu „Antwort auf Hiob" 1952

C.G. Jung hat es nach zwei tiefgreifenden Erlebnissen auf dem Basler Münsterplatz gewagt, bewusst die Sünde wider den heiligen Geist zu begehen und allen inneren Widerständen zum Trotz über Gott und die Welt, Adam und Eva, die Kirche und einen ihrer Pfarrer, seinen von ihm an sich geliebten Vater Paul, etc *frei* zu denken. Das war im Jahr 1887.[145]

1952 hatte er während einer Krankheit mit hohem Fieber in *einem* Guss und in überaus heftigen Emotionen sein provokatives Büchlein „Antwort auf Hiob" geschrieben, und als er die Schrift zu Ende gebracht hatte, war er erleichtert wie damals als Knabe und fühlte sich wieder gesund.[146] Später meinte er, alle seine Werke, die er geschrieben habe, würde er noch einmal schreiben, lediglich „Antwort auf Hiob" würde er belassen wie es ist.[147]

---

[145] S. o. S. 45.
[146] von FRANZ 151.
[147] Ebd.

Zur Art, wie die Münstervision über ihn gekommen ist und wie „Antwort auf Hiob“ entstanden ist, fällt mir das oft überlesene, aber theologisch überaus bedeutungsschwere griech. δεῖ[148] aus der ersten Leidensankündigung Jesu ein (dtsch. das „muss“ Mt 16,21; Mk 8,31; Lk 9,22 vgl. 17,25).[149] Es signalisiert die dringende Notwendigkeit, die aus seinem Inneren hervorbricht, dass er nach Jerusalem gehen und dort sein Leben im Leiden vollenden *muss*, obschon er natürlich frei ist. Ein Paradox, ein Aspekt der *complexio oppositorum* im Menschen! „δεῖ deutet die von Gott verhängte Notwendigkeit … an.“ (Ulrich Luz)[150] ***Auch Jung wird 1887 wie 1952 unter einem solchen höheren „Muss“/ δεῖ gestanden haben.***[151]

3.4.1. Das Problem des unbewussten, schrecklichen Gottes

So steigt Jung in „Antwort auf Hiob“ denn auch gleich sehr steil in die Thematik ein, der er sich nach Jahrzehnten intensivster Erforschung des Unbewussten unumwunden stellt. Er schreibt als Nichttheologe und Arzt, der tief in das Seelenleben vieler Menschen blicken durfte. (GW 11, 392 § 559) Er will die Erschütterung christlich erzogener und gebildeter Menschen seiner Zeit zu Wort kommen lassen, „welche von dem durch nichts verschleierten Anblick göttlicher Wildheit und Ruchlosigkeit ausgelöst“ wurde. (393 § 561) Jung spricht seine persönliche Auffassung aus; aber er beansprucht ebenso, für die Vielen zu

---

[148] δεῖ ist unpersönliches Verb und bedeutet „man muss, es ist notwendig“ (Walter Bauer, Wörterbuch zum Neuen Testament, 341f). In ihm ist oft „v. göttl. Bestimmung od. unabwendbarem Geschick“ die Rede (aaO 341).
[149] Alfred Schmoller, Handkonkordanz, 107.
[150] Ulrich Luz, Das Evangelium nach Matthäus, Bd. 2, 188.
[151] Vgl. auch Erich Fascher, Theologische Beobachtungen zu δεῖ, FS Rudolf Bultmann. 1954, 228-254.

sprechen, denen es ähnlich erging wie ihm. (392 § 559)[152] Schon hier dürfte sichtbar werden, dass Jung in der Person des biblischen Hiob sich selber sah.

Jahwe war lange vor Hiob in seinen Emotionen schon masslos und amoralisch. (393 § 560) Er beugte sein eigenes Recht paradigmatisch am Beispiel der Titelgestalt des Hiobbuches. (395 § 566) Gott litt denn an sich auch unter dieser Tatsache, da ihn neben all seiner Güte Zorn, Eifersucht und Grausamkeit beherrschten. Jung folgert aus dieser Beobachtung, dass also bei Gott „entweder kein reflektierendes Bewusstsein vorhanden ist, oder … die Reflexion [bei Gott] ein bloss ohnmächtig Gegebenes und Mitvorkommendes darstellt." (393 § 560) Mit anderen Worten: Gott ist ganz und gar unbewusst. „Er ist … zu unbewusst, um ‚moralisch' zu sein." (399 § 574) Und auf der anderen Seite gilt, dass „Hiob moralisch höher (stand) als Jahwe". (454 § 640)

Mit dieser These des seiner selbst nicht bewussten Gottes, welcher sich in hohem Masse noch zu entwickeln hat, setzte sich Jung vor allem bei Theologen gehörig in die Nesseln. Bereits vor Erscheinen des Buches schrieb er an seinen Schüler Erich Neumann, dem er zum Voraus ein Exemplar nach Tel Aviv geschickt hatte,[153] er sei in tiefer Trauer und müsse „nackt und bloss zur Grube fahren"; denn er habe so arrogant sein müssen, „sogar Gott beleidigen zu

---

[152] In diesem Zusammenhang wäre auch Aniela Jaffés Buch, Der Mythus vom Sinn im Werk von C.G. Jung, Zürich 3. Aufl. 1983 heranzuziehen.

[153] Dieser schrieb ihm am 5.12.51 noch begeistert zurück, er sei tief ergriffen und finde sein Buch „das schönste und tiefste" seiner Werke. Es sei „ein Streitgespräch mit Gott, ein Anliegen ähnlich dem Abrahams, als er mit Gott rechtete wegen des Untergangs von Sodom. Es ist – für mich persönlich – besonders auch eines gegen Gott, der die 6 Millionen ‚seines' Volkes umbringen liess, denn Hiob ist ja gerade auch Israel …" (JUNG, Briefe II, 240-243.243) Später konnte Neumann den Gedanken der „Unbewusstheit Gottes" doch nicht nachvollziehen und schrieb Jung einen langen Protestbrief (von FRANZ 157; der Text findet sich in Aniela Jaffé aaO 179ff [s.o. Anm. 152]). – Auch Marilyn Nagy, eine Analytikerin und Autorin der späteren Generation von Jungianern in den USA (Wikipedia) attestierte Jung ebenso verständnisvoll, dass er „mit Gott auf eine Art und Weise zürnt, wie ein Ungläubiger es nie vermöchte". (dies., Philosophical Issues in the Psychology of C.G. Jung, New York 1991; zit. in BAIR 1125 Anm. 62)

können". (Briefe II 241)[154] Und Walter Uhsadel, einem deutschen Pastor, der ihm sein neues Buch zur Begegnung von Psychotherapie und Seelsorge widmen wollte, schrieb er am 6.2.1952, er solle zuwarten, denn er könnte sich denken, dass in einem „orthodox denkenden und fühlenden Milieu" seine Schrift „verheerend wirken" könne. (Briefe II 248) Und so war es denn auch.

Zum Beispiel brach der Oxforder Dominikanerpater und Thomasspezialist **Victor White**, auf hohem fachlichen Niveau langjähriger „Brieffreund" und später gern gesehener Gast C.G. Jungs im Turm von Bollingen,[155] welcher die Verbindung der Jungschen Psychologie mit katholischer Spiritualität in England bis hin zum Opfer seiner Absetzung als Professor für Dogmatik freimütig vorantrieb – nicht ohne vorbereitende Vorgeschichte – nach dem Erscheinen von „Antwort auf Hiob" in Englisch ganz mit Jung. (BAIR 772-779) Er konnte nicht verstehen, was die Veröffentlichung eines solchen „Ausbruchs" bringen sollte (BAIR 776), sie würde seinen Bemühungen, „dass die analytische Psychologie von Katholiken und anderen Christen, die ihrer so dringend bedürfen, akzeptiert und geachtet würde", schaden. (777)[156] In seiner Rezension unterzog er das Buch und C.G. Jung als dessen Verfasser einer verheerenden Kritik: Jung sei in seiner religiösen Entwicklung auf Kindergartenniveau stecken geblieben, reagiere wie ein verwöhntes Kind, und das Buch sei voll des „typisch paranoiden" Systems, welches unerträglichen „Kummer und Groll rationalisiert und verbirgt".[157] (aaO)[158]

---

[154] Hier erklärt Jung auch das dem ganzen Buch vorangestellt Zitat „Doleo super te frater me…" (2. Samuel 1,26) (GW 11, 387 § 553). Das Dictum drückt eben diese tiefe Trauer aus, unter welcher Jung „Antwort auf Hiob" schrieb.

[155] Zum Turm in Bollingen als Ort des Rückzugs und des Empfangs besonderer Gäste s. ETG 227-241; BAIR 449-448.

[156] Zitat aus JUNG, Briefe II 477-478 Anm. 1 (in BAIR übersetzt).

[157] Ein anderer angelsächsischer Fachgelehrter reagierte noch heftiger als White. C.G. Jung habe es nie geschafft, „sich von seinem Ödipus-Komplex zu befreien"; sein Buch sei „eine lange hinausgeschobene pubertäre Rebellion gegen die biblischen Geschichten, mit denen er gross gezogen war". (BAIR 1125 Anm. 61; Bair zitiert Walter Kaufmann, Discovering the Mind: Goethe, Kant und Hegel. New York 1980, 414.421) In der Schweiz äusserte z.B. Dorothee Hoch öffentlich ihre Kritik, s. o. S. 30 Anm. 74 und u. S. 99f.

Waren der weltbekannte Schweizer Psychiater, der (wie früher Freud ihm gegenüber)[159] in der Zusammenarbeit mit dem jüngeren[160] Victor White eine tiefe Ablösungskrise zu bewältigen hatte,[161] und der zunehmend unter dem Druck seines Ordens stehende White bis anhin trotz zunehmender Differenzen im Ton stets korrekt und herzlich geblieben, so änderte sich dies mit „Antwort auf Hiob" nun schlagartig, als Jung in jener Krankheit im Affekt zur Feder griff, sich Luft verschaffen musste,[162] „Gottvater in die Ecke trieb ... und sofort daran ging, ihn zu psychoanalysieren",[163] so dass Jung in England dem Zorn des langjährigen Freundes Victor White ausgeliefert war.[164]

Ein anderes Beispiel stellt sein ehemals „enger Freund" **Martin Buber** dar, (BAIR 767) dessen Kritik Jung gar als „Ketzerprozess" empfand; denn dieser bezichtigte ihn des Gnostizismus (GW 18.2, 711 § 1501), was bekanntlich einen alten Vorwurf Häretikern gegenüber darstellt. Jung wehrt sich als Psychiater, „dem es in erster Linie daran gelegen ist, sein Erfahrungsmaterial darzustellen

---

[158] Zur Literatur der unglücklichen Beziehung zwischen Jung und White s. BAIR 1125 Anm. 39 und 1123-1125 passim.

[159] ETG 151-173.

[160] Als sich die beiden 1945 zu schreiben begannen, war Jung siebzig, White dreiundvierzig. (BAIR 772) Ihre Beziehung entwickelte sich derart erspriesslich, dass Jung es sich gewünscht hätte, White würde in Zürich leben, um die komplexen Probleme patristischer Weisheit im Licht moderner psychologischer Erfahrung betrachten zu können. (773)

[161] „Jung mag die Hoffnung gehegt haben, dass White das ‚*opus magnum* seiner Psychologie' fortführen könnte ..." (BAIR 775). BAIR beruft sich dabei auf die in der amerikanischen Edition herausgegebene Fassung eines Briefes vom 30.3.1960 von Jung an die Mother Prioress of a Contemplativ Order, England (C.G. Jung Letters, selected an edited by Gerhard Adler in collaboration with Aniela Jaffé, trans. R.F.C.Hull, vol. 2 [1951-1961], Bollingen Series 95.2. Princeton 1991,536.) Die deutsche Fassung s. JUNG, Briefe III 289f.

[162] Er war voller Emotionen, krank und hatte hohes Fieber (s. o. S. 69).

[163] F.X. Charet, A Dialogue Between Psychology and Theology: The Correspondence of C.G. Jung and Victor White, in Journal of Analytical Psychology 35 (1990), 421-441.422; zit. in BAIR 775.

[164] BAIR 778 weiss, dass sich White, ob aus persönlichen Gründen, ob aufgrund einer möglichen Fixierung auf das Dogma seiner Kirche, sich ausschliesslich von übermässiger Wut bestimmen liess, dass dieser die Schärfe seiner Kritik in seinem letzten Buch kurz vor seinem frühen Tod am 22. Mai 1960 aber wieder milderte, insbesondere was die Begrifflichkeit „paranoides System" anbelangte.

und zu deuten“. (710 § 1500)[165] Buber könne die Wirklichkeit der Seele aus psychiatrischer Erfahrung nicht kennen. (712 § 1505) Die fühlbaren „Mächte des Unbewussten“ seien numinose Inhalte, Vorgänge und Dynamismen, die kraft ihrer Autonomie eine „Gegenposition zum subjektiven Ich“ bildeten, „ein Stück der *objektiven Psyche“*. (713 § 1505) Jung konnte nicht verstehen, dass Buber an seiner Aussage Anstoss nahm, „Gott könne nicht losgelöst vom Menschen existieren“. (714§ 1507) Auch das Missverständnis wollte Jung geklärt haben, dass es keineswegs der Fall sei, dass vom Objekt nichts mehr übrig bleibe, wenn die Projektionen „zurückgezogen“ würden. (713 § 1505) „Wenn ich … der Ansicht bin, dass alle Aussagen über Gott in erster Linie aus der Seele hervorgehen und daher vom metaphysischen Wesen unterschieden werden müssen, so ist damit weder Gott geleugnet noch der Mensch an die Stelle Gottes gesetzt.“ (aaO)

3.4.2. Hiobs guter Kampf gegen Gott

Jung geht nach Präliminarien gleich in medias res und stellt dar, wie Hiob nach der unmöglichen Wette Jahwes mit Satan ersterem widersteht und grosse Lust verspürt, mit ihm zu rechten (Hi 13,3) (395 § 566);[166] denn dieser „hat ihm sein ‚Recht genommen'“. (395 § 566) Hiob „will seinen Standpunkt vor Gott erklären ... Jahwe sollte … ihm Rede stehen …“ (ebd) Das heisst: Hiob tritt als der Bewusstere auf, der im tiefsten Staub der Erniedrigung vor dem erschreckenden, mächtigen und unbewussten Gott zwar seine Hand auf den Mund legt und zu schweigen weiss (Hi 39,34f) (394 § 564), aber auf dem höheren Niveau der Vernunft sich Jahwe gegenüber als überlegen erweist. (399 § 573)

---

[165] In „Antwort auf Hiob“ geschieht dies indessen in höchst allgemeiner Art.

[166] JUNG, GW 11, 408 § 591 spricht von zwei „Wettkämpfern“; nicht nur Hiob fordert Gott heraus, auch Gott fordert Hiob heraus, wie wenn dieser selbst ein Gott wäre. (ebd § 594) Vgl. die Erfahrung Gottes als eines Partners bei Tauler, Teresa und Porete im Anhang u. S. 134-136.

Indem Hiob, um vor dem Allmächtigen bestehen zu können, sich seiner Ohnmacht stets bewusst bleibt, braucht er auf Grund dieser Selbstreflexion „ein etwas schärferes Bewusstsein, ... das Gott nicht hat". (403 § 579) Jung meint, als Kompensation des grossen Leidens Hiobs (Hi 1,13-2,10) sei dieser von Jahwe „in aller Stille zu einer Gotteserkenntnis, die Gott selber nicht besass, emporgehoben worden". (404 § 583) Indem Gott Hiob in den Staub erniedrigt, erhöht er diesen: Hiob wird „trotz seiner Ohnmacht zum Richter über die Gottheit erhoben". (413 § 606)

Hiob hat die „innere Antinomie Gottes" erkannt. (404 § 584) Trotz all seinem Leiden hat er die Hoffnung nicht aufgegeben, dass im Himmel „Gott gegen Gott" dem Menschen Recht schafft rsp. „mein Anwalt lebt" (Hi 16,21;19,25). (GW 11, 396 § 566) An Jahwes Allmacht und Gerechtigkeit hat Hiob nie gezweifelt (405 § 586). Im Hiobdrama geht es um nichts Geringeres als um eine „innergöttliche Auseinandersetzung", die darin gipfelt, dass „Jahwes Doppelnatur offenbar geworden (ist)". (414 § 608) Der „Keim der Unruhe" wird sich weiterentwickeln. (aaO § 609)

3.4.3. Jahwe erinnert sich der Sophia

War bei der Sintflut die Reue noch stärker als die Allwissenheit Jahwes (400 § 574) und vernachlässigte Jahwe seine Allwissenheit auch in der Satanswette (402 § 579) noch sehr (404 § 583), so scheint sie nun allmählich aus der Verborgenheit zu treten, wenn mit Hiob „ein Sterblicher ... bis über die Sterne erhoben wird, von wo aus er sogar die Rückseite Jahwes, die abgründige Welt der ‚Schalen', erblicken kann". (409 § 595) Wenn Hiob Jahwe also ganz und gar, auch von seiner finsteren, hinteren Seite her,[167] erkennt, so muss auch Jahwe sich selbst zu erkennen anfangen, der „'Allwissende' sich [also] nicht mehr so verhalten wie ein ahnungs- und gedankenloser Mensch". (419 § 617)

Jahwe erinnert sich nun seiner Freundin und Gespielin Weisheit, die gemäss der frühjüdischen Weisheitsliteratur (Spr 8,22-31) als Frau und „Werkmeisterin" bei der Schöpfung bereits zugegen war, der Schöpfung gottgleich beiwohnte. (414ff §§ 609ff) Er war ihr indessen untreu geworden, indem er sich mit einer anderen Braut, dem Volk Israel, vermählte (424 § 620) und dabei seine erste ihm gleiche Partnerin in Vergessenheit geraten liess.[168] Mit der Satanswette war die Untreue Jahwes (s. Jungs Interpretation von Ps 89: 397f §§ 569f) nun vollends durchgeschimmert. Mit seinem Zweifel an Hiob hatte Gott „seine eigene Tendenz zur Untreue auf einen Sündenbock projiziert". (419 § 616)

Die aus dem Griechischen ins Hebräische gedrungene Idee der präexistenten, koäternen und gottgleichen Weisheit (Sapientia Dei, griech. Σοφία, hebr. חָכְמָה) (414 § 609) liess die Weisheit als „Pneuma weiblicher Natur" erscheinen. (414 § 609) Sich selbst stellt sich die Weisheit in Sir 24,3 als „aus dem Munde des Höchsten hervorgegangen", also (wenn auch nicht wörtlich) als Logos vor (425 § 610). Sie teilt nach Jung bereits die wesentlichen Eigenschaften des Logos von Joh 1 und geht in ihrer hypostasierten Bedeutung über die hebräische Chokma noch weit hinaus. (415 § 610)

Wie Jahwe seine Untreue im „Fall" Hiob langsam dämmert und Selbstreflexion für ihn zur gebieterischen Notwendigkeit wird, er sich also in neu gefundener

---

[167] Es handelt sich um eine Anspielung auf die kabbalistische Vorstellung der „Schalen", hebr. קְלִיפּוֹת/kelipoth, welche im Gegensatz zum Licht der סְפִירוֹת/sefiroth, den göttlichen Stufen der offenbarten Schöpferkraft, „die bösen und dunkeln Mächte darstellen". (409 Anm. 8)

[168] Wie schon bei Eva kam der Frau im patriarchalen Israel eine bloss „sekundäre Bedeutung" zu. „Die Unterlegenheit der Frau [in Israel] war eine ausgemachte Sache." (424 § 620)

Weisheit „seines absoluten Wissens erinnern (muss)“ (419f § 617), wendet er sich dem „weiblichen Wesen“ zu, das „seinem Herzen näher verwandt und vertraut ist als die späten Nachfahren des sekundär geschaffenen, mit der Gottesimago geprägten Protoplasten (Urmensch)“.[169] (aaO 419) Das Scheitern der Bemühung, Hiob zu zerstören, „hat Jahwe gewandelt“. (aaO 420)

Wenn sich Hiob Jahwes „Doppelnatur“ gezeigt hat, er „die göttliche Gegensatznatur erkannte“ (405 § 586), über den Sternen die „Rückseite Jahwes erblickte“ (409 § 595) und gar „das Angesicht Gottes und dessen unbewusste Zwiespältigkeit gesehen (hat)“ (425 § 623), dann berührten diese Erfahrungen gewiss die Einsicht, dass Gott wie ein Rad eine *complexio oppositorum* darstellt, die sowohl den Menschen (Hiob) als auch Gott selbst im Innersten verändert.

3.4.4. Inkarnation aus dem Hierosgamos Jahwes mit der Sophia

Nachdem in der Gestalt Hiobs die missliche Entwicklung der Treulosigkeit zwischen Jahwe und Israel ihren Höhepunkt gefunden hat und die Menschen nun gar noch vor Jahwe die Weisheit – „personifiziert … ihre Autonomie bekundend … als freundlicher Helfer und Anwalt Jahwe gegenüber“ (425f § 623) – gefunden haben und damit die lichte, gütige, gerechte und liebenswerte Seite Gottes offenbar ist (426 § 623), ist nun auch die Vereinigung Jahwes mit der Sophia wieder möglich. Ihr Hierosgamos mit Jahwe kündigt eine grosse Wende an: *Gott will sich im Mysterium der himmlischen Hochzeit erneuern ... und will Mensch werden.* (426 § 624)

[169] Während ich die jahwistische Adam-Eva-Erzählung (Gen 2,bff) bis anhin als poetische Ausgestaltung von Urstand und Wirklichkeit des Menschen in seiner Umwelt verstand und aufgrund der naiven Dichtung kaum nach den Frauen Kains und Abels fragte, da sich diese Frage (wie in einem Märchen) vom Text her nicht ergibt, stosse ich bei C.G. Jung auf ausführliche Spekulationen über die Zeit Adams vor seiner Vertreibung aus dem Paradies.

Eine neue Schöpfung soll möglich werden, die Menschheit *gerettet* werden. (427 § 625) Der *eine* neue *Gottmensch* soll nicht mehr wie Eva aus Adam, sondern als Adam secundus aus einer Eva secunda geboren werden. Maria, die Himmelskönigin,[170] wird so zur „Gottesmutter". (aaO) War der erste Adam hermaphroditisch, so muss Maria nun prinzipiell Jungfrau sein,[171] mit dem Privilegium der unbefleckten Empfängnis, von der Erbsünde frei. (ebd) Dem „status ante lapsum" angehörig, hat Maria „als Gottesbraut und Himmelskönigin die Stelle der alttestamentlichen Sophia inne". (ebd) Auf diese Weise erlangen Mutter und Kind göttlichen Status, die „wirkliche Menschwerdung Gottes [ist] in Frage gestellt, beziehungsweise nur teilweise vollzogen". (428 § 626) *„Beide, Mutter und Sohn, sind keine wirklichen Menschen, sondern Götter."* (aaO)

Bei der Geburt Christi handelt es sich um ein Ereignis, das in Ewigkeit bereits vorhanden war, auch wenn sie zum einmaligen geschichtlichen Ereignis wurde. (429 § 629) Christus ist die Inkarnation Jahwes im Menschen, die sich aus dem Zusammenstoss mit Hiob ergeben hat und sich im Leben und Leiden Christi erfüllt. (439 § 648) Wenn sich Jahwe im Menschen inkarniert, ergreift er in seiner Gegensätzlichkeit Besitz von ihm, der Mensch wird vom göttlichen Konflikt erfüllt und Leiden wird erfahren als „Zustand, in welchem Gegensätze schmerzlich aufeinanderprallen". (447 § 659) Die „Gegensätzlichkeit des Zentralsymbols des christlichen Kreuzes kann nicht besser dargestellt werden als mit den beiden Schächern, deren einer zur Hölle fährt, der andere ins Paradies eingeht". (aaO)

Die Inkarnation Gottes im Menschen geht weiter in jenen Geistbegabten, die den Parakleten, den Heiligen Geist, empfangen als „Gotteskinder", „Miterben Christi", ja sogar als „Götter". (Joh 10,34/Psalm 82,6) (443f § 655f) Infolge

[170] Jung spielt auf Protev 20,3 an: „... Israel ist ein grosser König geboren worden." Protevangelium des Jakobus, in: Edgar Hennecke, Neutestamentliche Apokryphen, 277-290.288.

[171] In Protev 20,2 („... ich bin Abrahams, Isaaks und Jakobs Same ...") steckt auch ein hermaphroditisches Element. (Edgar Hennecke aaO)

seiner Parthenogenese und Sündlosigkeit war Jesus aber noch kein wirklich „empirischer Mensch". (444 § 657)

Die eigentliche Antwort auf Hiob gab nach C.G. Jung Christus, bei dem sich wegen seiner „Zornmütigkeit" allerdings ebenfalls ein „Mangel an Selbstreflexion" bemerkbar machte, der sich kaum je über sich selbst gewundert zu haben scheint und der sich nicht mit sich selber konfrontierte. (438 § 647) Indessen erreichte sein menschliches Wesen im Verzweiflungsschrei am Kreuz („Mein Gott, mein Gott, warum hast du mich verlassen?") Göttlichkeit, nämlich in jenem Moment, da Gott „den sterblichen Menschen erlebt und das erfährt, was er seinen treuen Knecht hat erdulden lassen". (aaO) Der Opfertod Christi wird zur Wiedergutmachung für das Unrecht, das Jahwe Hiob zugefügt hat, und dient der moralischen Weiterentwicklung des Menschen. (440 § 650)

Den Opfertod Jesu versteht Jung also nicht als ein Abtragen menschlicher Schuld an Gott, sondern als eine „Wiedergutmachung eines göttlichen Unrechts am Menschen". (448 § 661) „Was ist das für ein Vater, der lieber den Sohn abschlachtet, als dass er seinen übelberatenen und von seinem Satan verführten Geschöpfen grossmütig verzeiht? Was soll mit diesem grausamen und archaischen Sohnesopfer demonstriert werden? Etwa die Liebe Gottes? Oder seine Unversöhnlichkeit? ... Der Glaube an Gott als das Summum Bonum ist einem reflektierenden Bewusstsein unmöglich." (449 § 661)

3.4.5. Apokalyptik – Beunruhigung des Unbewussten[172]

Indem nun Christus den Satan wie einen Blitz vom Himmel fallen sieht (Lk 10,18), Jahwe sich also von seinem dunklen Sohn endgültig trennt (aaO), ist

[172] GW 11, 452 § 668.

Gott „die Liebe selber“ geworden, auch wenn trotz seiner Absicht, Summum Bonum zu werden, eine gewisse Rückfallgefahr bleibt. (441 § 650) Dieser Möglichkeit wehrt Jesus[173] mit der sechsten Bitte des Unservaters („erlöse uns von dem Bösen“), die tief blicken lässt und zeigt, dass es unvernünftig wäre, wenn ein Gott, „der seit Urzeiten ... zeitweise verheerenden Wutanfällen ausgeliefert war, nun plötzlich zum Inbegriff alles Guten hätte werden können“. (aaO § 652) Satan nimmt die Menschwerdung Jahwes in seinem Sohn Christus nicht einfach hin, sondern inkarniert den *dunklen* Gott nun seinerseits in der Gestalt des *Antichristus*. (442 § 654)

„Gottvater“ gilt immer noch als der Gefährliche, weil er seinen eigenen Sohn als Sühne für die Verfehlungen der Menschheit opfern kann. (445 § 658) Dadurch werden die Menschen aber nicht von ihren Sünden, sondern lediglich von der Furcht vor den Folgen des Gotteszorns befreit. (446 § 659) Der skurrile Gedanke, dass Gott selbst durch seinen Sohn die Menschheit vor sich selbst rettet, entspringt der „unzweifelhafte[n] Unreflektiertheit des göttlichen Bewusstseins“. (450 § 664)

„Mit Recht gilt darum die Gottesfurcht als der Anfang aller Weisheit. Auf der anderen Seite darf man die hochgepriesene Güte, Liebe und Gerechtigkeit Gottes nicht als blosse Propitiierung[174] auffassen, sondern man muss sie als genuine Erfahrung anerkennen; denn Gott ist eine *coincidentia oppositorum* (kursiv AFZ). Beides ist berechtigt: *die Furcht vor und die Liebe zu Gott.*“ (aaO)

Dass Gott dermassen unversöhnlich ist, dass ihn nur ein Menschenopfer beschwichtigen lässt, ist für Menschen von heute unerträglich und ein „unerwar-

[173] Jung spricht praktisch immer von Christus, auch wo der Name des irdischen Jesus naheliegend wäre. Vermutlich wirkt hier seine Aversion gegen den „hêr Jesus“ immer noch nach (s. Exkurs 4 o. S. 37-39).

[174] Von lat. propitius, „geneigt, gewogen, günstig“ (meist von Gottheiten); und „propitio, sich geneigt“ machen. (STOWASSER 401)

teter Schock". (461 § 689) Die Rachsucht und Unversöhnlichkeit Jahwes gegenüber seiner Kreatur muss umso deutlicher auffallen, „je wünschenswerter [nach Jesu Botschaft des Wohlgefallens Gottes an den Menschen] nun ein wirkliches Vertrauenverhältnis zwischen Gott und Mensch" gewesen wäre. (461 § 689)

Die moralische Niederlage Jahwes gegenüber Hiob hatte im Geheimen des Unbewussten einerseits eine Erhöhung des Menschen, andererseits eine Beunruhigung des Unbewussten zur Folge, eine erhöhte Potentialität, die bewirkt, dass der Mensch im Unbewussten mehr ist als im Bewusstsein und das „Unbewusste in Gestalt von Träumen, Visionen und Offenbarungen in das Bewusstsein ein(bricht)". (aaO § 665) Die jüdisch-christliche Apokalyptik war damit geboren.

Ezechiel zeigt mit seinen archetypischen Visionen, dass zu seiner Zeit[175] ein Unbewusstes bereits vorhanden war, das vom Bewusstsein einigermassen getrennt war; er „hat … den wesentlichen Inhalt des Unbewussten geschaut, nämlich die *Idee des höheren Menschen,* vor dem Jahwe moralisch unterlag und zu dem er später [in der Inkarnation] werden sollte". (451 § 665) So tritt denn bei ihm zum ersten Mal der „Menschensohn" als Titel auf, „eine Präfiguration der viel späteren Christusoffenbarung". (451§ 667)

Daniel sah noch um 165 v.Chr.[176] (weiterhin beunruhigt durch das Unbewusste) ein Gesicht mit vier Tieren und dem „'Hochbetagten', dem ‚Alten der Tage'", zu dem ein dem Menschensohn Ähnlicher kam und von dem Jung denkt, ihm komme die Aufgabe zu, „den Vater zu verjüngen", (452 § 668) während ***Henoch*** noch „einen aufschlussreicheren Bericht (gibt) über jenen präfigurierenden Vorstoss der Gottessöhne in die Menschenwelt, welchen man als ‚Engelsturz' bezeichnet hat". (aaO § 669)

[175] Nach Jung aaO in der ersten Hälfte des 6. Jahrhunderts.
[176] GW 11, 452 § 668.

Das Wissen, dass ***Henoch*** im ersten Kapitel seines Buches als ein „gerechter Mann“ dargestellt wird, der Himmelsvisionen schaute (äthHen 1)[177], setzt Jung bei den Lesern einfach voraus. Ihm genügt die Angabe, dass Henoch „nicht nur Empfänger göttlicher Offenbarung (ist), sondern zugleich in das göttliche Drama einbezogen wird …“. (455 § 677) Er wird zu einer „Reise nach den vier Himmelsgegenden und zur Mitte der Erde“ veranlasst (455 § 676, vgl. äthHen 17-36 [Riessler]), was Jung als Hinweis auf die Inkarnation deutet; denn wie Gott Mensch zu werden „sich anschickt, (taucht) der Mensch in das pleromatische Geschehen ein“. (455f § 677)

Henoch verkündet „Fluch“ den „Frevlern“, das Gericht (äthHen 5,7). Schon in den Tagen der Urzeit hatten sich zweihundert Engel auf Erden schöne Frauen genommen und dadurch ein inflationäres Geschlecht von Riesen begründet, so dass es bloss eine Frage der Zeit war, bis der „Gegenschlag des Unbewussten“ erfolgte und sich die Sintflut als kompensatorische Strafe über die Erde ergoss, was auf Drängen von *vier* Erzengeln geschah. (452ff § 669ff) Die Vierzahl, die Quaternität, beginnt eine Rolle zu spielen.

Wurden bereits aus den vier Seraphen Ez 1,5ff Evangelistenembleme, welche die Quaternität und die Ganzheit Christi ausdrücken, (452 § 667) so findet sich die Vierzahl im Henochbuch nun häufiger, zum Beispiel in den vier Räumen des Hades, wo im vierten die Satane abgewehrt werden, oder in den vier Gesichtern Gottes. „Gott hat vier Gesichter, beziehungsweise vier Engel, das heisst vier Hypostasen oder Emanationen, wovon der eine ausschliesslich damit beschäftigt ist, den in eine Mehrzahl verwandelten Gottessohn …, Satan, … von Gott fernzuhalten und weitere Experimente im Stile des Hiobbuches zu verhindern …“ (454f § 672-674; bes. § 674)

---

[177] Paul Riessler, Altjüdisches Schrifttum ausserhalb der Bibel, 355. Textlich geht Jung vom „äthiopischen“ Henoch aus (s. Quellenangabe in der Bibliographie in der dtv-Ausgabe, hg. v. Lorenz Jung, S. 115: Die Apokryphen und Pseudepigraphen des Alten Testaments, hg. von Ernst Kautsch, 2 Bde., Tübingen 1900/1921).

In der Endzeit sieht Henoch den Menschensohn, der über alle Geschöpfe richtet. Die gefallenen Engel werden in den Feuerofen geworfen, „der Menschensohn und seine Bedeutung (wird) mit der Gerechtigkeit zusammengebracht". (456f § 679ff bes. 457 § 682)[178] Auch Henoch selbst wird mit „Menschensohn" angesprochen (äthHen 60,10) und in feierlichen Worten gelobt: „Gerechtigkeit wohnt über dir und die Gerechtigkeit des betagten Hauptes verlässt dich nicht." (ebd 71,14)[179] Nach seiner Entrückung sieht er im „Himmel der Himmel" den Hochbetagten und die Quaternität der vier Erzengel Michael, Gabriel, Raphael und Phanuel bei ihm. (457 § 681)

Jung mutmasst, dass wenn die Gerechtigkeit, die von Jahwe kommt, dermassen betont sei, doch auch die Furcht da sein müsse, dass Er seine Gerechtigkeit bei Gelegenheit wieder vergesse. (457 § 682) Wenn nun aber sein gerechter Sohn an seiner Stelle von ihm, dem hochbetagten Gott, einspringen würde, müsste der Eindruck entstehen, „als ob früher unter der Herrschaft des Vaters das Unrecht den Vorrang gehabt hätte". (458 § 682) Gott wünscht nun aber, dass ein Sohn ihn ersetze. (458 § 683) Es wirkt ein seelisches Trauma nach. (aaO) Aber gerade wegen der „inneren Instabilität Jahwes" nimmt das „pleromatische Drama" seinen Lauf, in welchem die Auseinandersetzung mit der Kreatur den Schöpfer selbst wandelt. (459 § 686) Hiob findet in Henoch unbewusst eine Antwort. (458 § 682)

Christus vermittelt „zwischen den zwei schwer zu vereinbarenden Extremen Gott und Mensch" und eint so die Gegensätze. (461 § 690) Durch den heiligen Geist jungfräulich gezeugt, ist er nach Jung kein geschaffener Mensch und ohne Sünde. (462 § 690) Mag auch angenommen werden, durch Christi Opfer sei die Versöhnung zwischen Gott und Mensch endgültig geschehen, so vermutet Jung,

[178] äthHen 46,3: „... der die Gerechtigkeit besitzt, bei dem die Gerechtigkeit wohnt." [Riessler]

[179] „Aus psychologischen Gründen" lehnt Jung es ab, diese messianischen Vorstellungen Henochs für christliche Interpolationen zu halten. (GW 11,458 § 684, Anm. 27)

der παράκλητος („Anwalt") von Joh. 14,12.16 für die Jünger werde nach seinem Tod deshalb nötig werden, weil die rechtliche Lage doch noch offen ist, mache sich Christus also über die Zukunft seiner Jünger „etwelche Besorgnisse". (ebd § 691)

Der Paraklet, der gleiche Heilige Geist wie jener, der den Gottessohn Christus geschaffen hat, macht nun also auch den Menschen zu einem „Sohn" Gottes, dieser wird in den „Status" der „Gottmenschlichkeit" erhoben. (463 § 692)[180] Christus, gezeugter Gottessohn und präexistenter Mittler, ist ein „Erstling und ein göttliches Paradigma, das gefolgt wird von weiteren Inkarnationen des Heiligen Geistes im wirklichen Menschen". (ebd § 693) *„Die zukünftige Einwohnung des Heiligen Geistes im Menschen bedeutet soviel als eine fortschreitende Inkarnation Gottes."* (ebd) (Kursiv AFZ)[181]

Weil Satan noch keineswegs in Ketten gelegt war, Gott aber immer noch zögerte, Hand an ihn zu legen (466 § 697) und nach Jung Gott sich in der Menschwerdung in Christus „bloss in seinem lichten Aspekt inkarniert [hatte] und glaubt[e], das Gute selber zu sein, oder wenigstens dafür gehalten zu werden wünscht[e]" (464 § 694), war noch eine „Enantiodromie grossen Stils" zu erwarten. (ebd) Das Unbewusste des Menschen wurde vom „Geist der Wahrheit" noch einmal „gestört", (466 § 697) als es auf Patmos (Apk 1,9) einen Christen unbekannter Herkunft namens Johannes überfiel.

Der für Jung überaus wichtige Begriff „Enantiodromie" drückt einen philosophischen Sachverhalt aus, den schon Heraklit (zwischen 535 und 475 v. Chr.)[182] beschrieb. Dieser sog. „Vorsokratiker" kannte die Wahrnehmung der Gegensätze auch, spitzte diese aber von der

---

[180] Jung führt auch Ps 82,6 an: „Götter seid ihr, ihr alle seid Söhne des Höchsten."

[181] Meine eigene Stellungnahme zu dieser unorthodoxen, für die analytische Arbeit aber überaus wichtigen Einsicht Jungs, s. u. S. 90.

[182] Karl Vorländer, Philosophie des Altertums, zu Heraklit S. 26-32.

These her noch zu, „dass ‚alles eins' sei."[183] (28f) Leben und Tod, Wachen und Schlafen, Alt und Jung, Sterblich und Unsterblich, Männliches und Weibliches, Gutes und Böse etc: „alles (ist) *dasselbe*… es ist das eine nicht ohne das andere …"[184] (29), was zur Folge hat, dass immer ein Ausgleich da ist. Jung meint, Heraklit habe „das wunderbarste aller psychologischen Gesetze entdeckt: nämlich die *regulierende Funktion der Gegensätze.* Er nannte dies die *Enantiodromia,* das Entgegenlaufen, worunter er verstand, dass alles einmal in sein Gegenteil hineinlaufe." (ebd 77f § 111) Auch Erich A. Röhrle[185] spricht von der regulierenden Funktion der Gegensätze bei Heraklit.[186]

Die Apokalypse des ***Johannes*** zeigt einerseits den persönlichen Aspekt eines überaus frommen urchristlichen Gemeindehirten, der Gott als Summum Bonum[187] verkündigt, andererseits das erneute Aufflammen des kollektiven Unbewussten. (492 § 729)

Die „Rechnung" der nach höherer Notwendigkeit erfolgten Enantiodromie scheint aufzugehen, weil Jung[188] wider alle zumindest deutschsprachige Bibelwissenschaft aufgrund des „psychologischen Befundes" den Johannes der Johannesbriefe[189] auch Verfasser der Johannesapokalypse sein lässt. (aaO und passim)[190]

---

183 AaO 28f.
184 Ebd. 29.
185 Komplementarität und Erkenntnis: von der Physik zur Philosophie, 68.
186 Ebd.
187 Ich bin mir nicht sicher, ob man ein solch spätes und in einen anderen religiösen und philosophischen Kontext gehörendes Theologoumenon so subjektiv und unbesehen auf ntl. Autoren (übrigens auch auf Jesus [„Reformator und Prophet eines ausschliesslich guten Gottes" 460 § 688]) anwenden darf. S. meine Bemerkungen früher in dieser Arbeit: S. 13 Anm. 17; S. 65f Anm. 139f und bereits eingangs dieser Arbeit o. S. 13 Anm. 17.
188 „Ich schreibe … als Laie und Arzt…" (392 § 559)
189 Allenfalls sogar des Johannesevangeliums, dessen Verfasser dann „in hohem Alter die Ahnung der zukünftigen Entwicklung" zugekommen wäre und „ein Zeugnis für das Weiterwirken des Heiligen Geistes im Sinne der fortschreitenden Menschwerdung" hinterlassen hätte. (490 § 741)
190 Weiss z.B. Heinrich Kraft, HNT 16a S. 9 nur nichts vom Doppelaspekt „bewusst – unbewusst" in einer solchen urchristlichen Leadergestalt, wenn er (was auch für den Vergleich I Joh – Apk gilt) feststellt: „Wenn man das Selbstzeugnis des Buches befragt, so antwortet es klar, dass es nicht von dem Apostel Johannes, sondern von einem Propheten dieses Namens geschrieben sein will ..."? (9) Immerhin konzediert W.G. Kümmel, Einleitung in das Neue Testament, dass „die Annahme nach wie vor zahlreiche Anhänger hat, der Apostel Johannes sei der Verf. sowohl des Joh (und der Johbr.) wie der Apk". (416)

Als bewusste Person bekennt Johannes Gott als lauter Licht und allgütige Liebe, weiss aber, dass wir, wenn wir sündigen, Christus als Fürsprecher brauchen und uns vor falschen Propheten und Irrlehrern wappnen müssen, die sogar den Antichristen ankündigen. (466f § 698) Auch Johannes schwant also Böses, und er ist „etwas zu sicher, und darum riskiert er eine Dissoziation. Unter solchen Umständen entsteht … im Unbewussten eine Gegenposition, die … in Gestalt einer Offenbarung ins Bewusste durchbrechen kann.“ (467 § 698)

Dieses meldet sich auch schon in der furchterregenden Gestalt des sonst so guten Christus:

- in der Eröffnungsvision (Apk 1),
- in den sieben Sendschreiben (Apk 2-3), welche abscheuliche Drohungen enthalten, und schliesslich
- in der eigentlichen Offenbarung (Apk 4-22)[191] mit grausamsten Szenarien. (467ff §§ 699ff)

„Eine wahre Orgie von Hass, Zorn, Rache und blinder Zerstörungswut … bricht aus und überschwemmt eine Welt, die man eben noch zu dem ursprünglichen Status der Unschuld und der Lebensgemeinschaft mit Gott zu erlösen bemüht hat.“ (470 § 708) Im Unbewussten des Johannes ist alles vorhanden, was das Unbewusste im Bewusstsein verworfen hat: „… je christlicher das Bewusstsein ist, umso heidnischer gebärdet sich das Unbewusste.“ (473 § 713)

Drückte sich zunächst Persönlich-Unbewusstes des wie auch immer zu identifizierenden Johannes aus, das sich im Erguss seiner Offenbarung freien Lauf verschaffte, so fällt nun gerade in Apk 12 auf, wie deutlich sich auch das kollektive Unbewusste zu Wort meldet. „Es handelt sich … um Gesichte, die einer grösse-

[191] Klaus Westermann, Abriss der Bibelkunde, 261.

ren und umfassenderen Tiefe entsteigen, nämlich dem kollektiven Unbewussten.“ (476 § 717) Steht zum Beispiel der Historiker Heinrich Kraft in seinem Kommentar hier „vor besonders grosse[n] Schwierigkeiten“, die sich zum Verstehen der Flucht der Sonnenfrau in die Wüste nur „wiederholen“[192], so ist für C.G. Jung Apk 12 der eigentliche Schlüssel zur fortschreitenden Mensch-Werdung Gottes, die nötig geworden ist, weil die Inkarnation in Christus noch nicht ganz vollendet war.[193]

Fremd erscheint aus einer zukünftigen anderen Welt auf Erden[194] die Sonnenfrau mit ihrem Kind, das nach der Geburt vor dem „grossen, feuerroten, siebenköpfigen, zehnfach gehörnten Drachen“ (Apk 12,3.13) in den Himmel entrückt wird, während sie selber von Adlersflügeln getragen in die Wüste fliehen kann, wo sie für die „apokalyptische Zeit von 3½ Jahren nach Dan 12,11“[195] vor den Anschlägen Satans sicher ist.[196]

Die Sonnenfrau, die eben kreissend ihr Kind gebiert, ist als gewöhnliche, nicht etwa königliche, göttliche oder gar jungfräuliche Frau weiblicher Urmensch, Gegenstück zum Urmännlichen, umgeben von mütterlicher Nacht („Himmel oben – Himmel unten“) und „enthält in ihrem Dunkel die Sonne des ‚männlichen‘ Bewusstseins, die dem Nachtmeer des Unbewussten entsteigt“. (471 § 711). „Der Sohn, der dieser himmlischen Hochzeit entspringt, ist notwendigerweise eine *complexio oppositorum*, ein vereinigendes Symbol, eine Ganzheit des Lebens.“ (aaO § 712, kursiv: AFZ)

---

192 Heinrich Kraft zeigt, wie in V. 7 z.B. zwei Mythen aus der Urzeit zusammengezogen sind (HNT 16a, 167).

193 S. u. S. 90-93.

194 Heinrich Kraft aaO 162.

195 Ebd.

196 Während die historisch-kritische Exegese beim Exodus der Sonnenfrau an eine Erinnerung an den Auszug der christlichen Urgemeinde nach der Zerstörung Jerusalems in die Wüste denkt (Kraft aaO; ders., Die Entstehung des Christentums, 288), kümmert sich Jung um die Symbolik.

Die Einleitung der Vision durch die Öffnung des Tempels im Himmel und das Sichtbarwerden der Bundeslade (Apk 11,19) war Vorspiel des Herabkommens der himmlischen Braut, der Sophia, und wies auf den himmlischen „Hierosgamos, dessen Frucht der göttliche Knabe ist," erst hin. (470f § 711) Jetzt ist die Zeit der Vereinigung der Gegensätze „noch längst nicht" da. (471 § 711)

Das Kind, der Sohn, meint für die historische (Kraft 166) und die psychologische (C.G. Jung, GW 7, 487 § 738) Exegese den Messias, der Jes 7,14 und andere Weissagungen aus dem Alten Testament erfüllt und „mit eisernem Stab die Völker weiden wird". (Apk 12,5) Nach Jung muss das „Programm", dass im Himmel das Lamm sich in einen Widder verwandelt und damit ein neues Evangelium der *Gottesfurcht* neben der Gottesliebe gilt, erfüllt werden, bevor sich Gott im kreatürlichen Menschen inkarnieren kann. (492 § 743) „Man kann Gott lieben *und muss ihn fürchten."* (484 § 733)

Das Unbewusste drängt also zum Bewusstsein, Gott will Mensch werden, aber doch nicht *ganz* (490 § 740). Wenn der Mensch noch mit der „Hilfe eines metaphysischen Parakleten" rechnet, was auch deutlich macht, dass das Ziel noch nicht erreicht ist, so heisst dies aber doch, dass er „in seiner eigenen dunklen Kreatur – in dem von der Erbsünde befreiten Menschen – sich wiedererzeugen und -gebären [will]". (aaO § 741) Gott *erfüllt uns mit Gutem und mit Bösem,* sonst wäre er ja nicht zu fürchten, und weil er Mensch werden will, muss die Einigung seiner Antinomie, der *complexio oppositorum,* die Gottesgeburt, im Menschen stattfinden. (494 § 747)

Und wozu das Ganze? Wenn im Menschen diese Einigung der *complexio oppositorum* stattfindet, führt dies zu einer *neuen Verantwortlichkeit,* dass er im Zeitalter der Atombomben und chemischen Waffen nicht mehr blind und unbewusst bleiben kann.[197] „Er muss um die Natur Gottes und um das, was in der Metaphysik vorgeht, wissen, damit er sich selbst verstehe und dadurch Gott erkenne." (aaO) Schon viel früher im Leben Jungs (1887) und in der Zeitgeschichte, die heute allerdings wieder eine andere ist als zu seinen Zeiten, wurde dem elfjährigen Knaben bei der inneren Verarbeitung seiner Münstervision (freilich aus der Sicht des Dreiundachtzigjährigen) klar: „Damals hat meine eigentliche Verantwortlichkeit begonnen." (ETG 61; s. o. S. 47)

Das Unbewusste trennt und vereinigt. (490 § 740) Gott zwingt durch sein Wirken aus dem Unbewussten den Menschen, die beständigen gegensätzlichen Einflüsse, denen sein Bewusstsein von Seiten des Unbewussten ausgesetzt ist, zu harmonisieren und zu vereinen. (aaO) Träume aus dem Unbewussten bringen Symbole hervor, die im Bewusstsein auf die Konfrontation der Gegensätze hinweisen. (493 § 746) Das Ganze des Menschen, das Selbst, ein „vom Unbewussten hervorgebrachtes Bild des Lebensziels", stellt das Ziel des ganzen Menschen dar, nämlich das „Wirklichwerden seiner Ganzheit und Individualität mit seinem oder gegen seinen Willen", (493 § 745) die *conjunctio oppositorum,* die gelungene Verbindung der Gegensätze. (493 § 746)

Es ist der Prozess dieser Individuation, (494 § 746) der zur höheren Verantwortlichkeit des Menschen führen kann, wie es in den überaus grossen Herausforderungen der Zeit unabdingbar nötig ist. Jung ist in dem Anliegen der Erfahrung der neuen Geburt Gottes im Menschen auch mit den Alchemisten, Jacob Böhme, Meister Eckhart, Angelus Silesius und anderen verbunden (484 § 733).[198]

---

[197] Vgl. SCHWEIZER, Gottesbild 231: „Wenn der Mensch seine ‚dämonische' Natur wahrnimmt, könnte er erkennen, wie sehr er von der göttlichen Ambivalenz durchdrungen ist … Die grausame Destruktivität des zweiten Weltkrieges und aller weiteren Kriege, die seither stattgefunden haben, zeigt, zu welchen entsetzlichen Taten der Mensch fähig ist, wenn er die dunkle Seite nicht wahrnimmt."

[198] S. auch das Kapitel „Die Gottesgeburt im Menschen bei Marguerite Porete, Johannes Tauler und Teresa von Avila" im Anhang u. S. 124-136.

3.4.6. Fortwährende Inkarnation Gottes im Menschen?

Kann die Inkarnation in Christus abschlossen sein, wenn sich das Böse in der Apk bereits wieder von seiner schlimmsten Seite zeigt? Wenn Jesus dem Dogma gemäss in ungeteilter Luzidität „ohne Sünde" war, fehlt ihm dann nicht „die unentbehrliche dunkle Seite", der Schatten? (SCHWEIZER, Gottesbild 230)

Die Einseitigkeit des christlichen Standpunkts wird durch das Gottesbild des Deus absconditus kompensiert. (229)[199] Im Unbewussten schlummernde numinose Inhalte und Ganzheitsbilder entstehen „bei dem Menschen, der in einer ausweglosen Situation gefangen ist, nachdem alle bewussten Lösungsversuche versagt haben". (SCHWEIZER, Gottesbild 251) „Gott … hat sich durch den Heiligen Geist den kreatürlichen Menschen mit dessen Dunkelheit ausersehen … *Der schuldige Mensch ist geeignet und darum ausersehen*, zur Geburtsstätte der fortschreitenden Inkarnation zu werden, nicht der unschuldige, denn in diesem fände der dunkle Gott keinen Raum." (aaO [C.G. Jung, GW 11 494 § 746])

Für Paulus gilt, dass Christus der Sünde „ein für allemal" gestorben ist (Röm 6,10; Hebr. 10,10). Zu Hebr. 10,10 schrieb der Neutestamentler und Judaist Otto Michel: „Christi Opfer … ist also einmalig, einzigartig, nicht wiederholbar und darum abschliessend."[200] Damit wird die Antithese des Opfers Christi zum Opferkult am jüdischen Tempel unterstrichen. Auch die Reformation betont gegen die sich ständig wiederholende, ausgeleierte Praxis des katholischen Messopfers die neue Freiheit.[201] *Muss damit die Einmaligkeit des Opfers Christi à tout prix für alle Zeiten dogmatisiert werden? Wohl kaum!*

[199] S. u. S. 112-145 (Anhang).

[200] Otto Michel, Der Brief an die Hebräer (KEK 13), Göttingen 1966, 339.

[201] Der Sohn Gottes ist unter Bezugnahme auf Hebr. 10,10 u.a. „einmal im heiligen Geist für uns geopfert und hat uns die ewige Erlösung gefunden". (Der Berner Synodus von 1532, hg. v. Gottfried W. Locher, Bd. I 1984, S. 55)

Es ist, als hätte der „Seher von Patmos" die Botschaft Jesu vom liebenden Vater gar nie vernommen oder gänzlich vergessen. Es treten in seinem Buch derart gewalttätige Züge hervor, dass die Sonnenfrau (Apk 12) einen göttlichen Knaben gebiert, der aber vor den tödlichen Verfolgern gleich zum Himmel entrückt wird, während die Mutter in die Wüste entflieht. (SCHWEIZER, Gottesbild 235) So scheint in der Tat klar zu sein, dass das Erlösungswerk Christi noch nicht zur eigentlichen Vollendung gekommen ist. (aaO)

Gott will sich im *gewöhnlichen Menschen* inkarnieren. „Darum wohl hat Johannes in der Vision eine zweite Sohnesgeburt aus der Mutter Sophia, die durch eine *conjunctio oppositorum* gekennzeichnet ist, erlebt, eine Gottesgeburt, die den *filius sapientiae*, den Inbegriff eines *Individuationsprozesses,* vorwegnimmt." (250f)[202] Die fortschreitende Inkarnation Gottes wahrzunehmen, ist deshalb von entscheidender Bedeutung, weil sie bewusst werden will. (230)

Dabei aber wird Gott für die Menschen zur „furchtbaren Aufgabe, weil dieser jetzt Wege finden muss, um die göttlichen Gegensätze in sich zu vereinigen". (ebd)[203] Der Mensch steht vor der Möglichkeit, seine ambivalente Natur wahrzunehmen und zu verstehen, wie er gerade darin von Gott durchdrungen ist und Gott sich in ihm verkörpert. (aaO) „Wenn der Mensch ... sich vor sich selber zu fürchten beginnt, könnte er jene Gottesfurcht erlangen, in welcher schon die jüdischen Weisheitslehrer den Anfang der Erkenntnis gesehen haben ..." (231)

Es geht nicht so sehr darum, dass die Welt nun geändert werde. (234) „Gott (will) sein eigenes Wesen ändern, indem er näher an den Menschen herantritt." (ebd) Damit wird es möglich, der nicht unwahrscheinlichen, in Träumen angedeuteten Katastrophe (228. 231f.236f)[204] mit Menschen zu begegnen, die wie

---

[202] Schweizer zitiert C.G. Jung GW 11, 488 § 739.
[203] Schweizer zitiert C.G. Jung GW 18,2; 791 § 1661.
[204] „Fast scheint es, als ob das Unbewusste selber, das heisst die Natur, eine Vernichtung der Menschheit anstrebe." (SCHWEIZER, Gottesbild 228) „Die Schrecken Gottes haben sich gewissermassen materialisiert, indem sie zu Waffensystemen geworden sind, die eine vollständige Vernichtung der Erde möglich machen. Das Argument, der Mensch habe diese

Hiob mit Gott eine Verpflichtung eingehen, welche „beide Seiten gleichermassen einschliesst". (234) Die Menschheit soll „nicht wie früher vernichtet, sondern *gerettet werden.* Man erkennt in diesem Entschluss den menschenfreundlichen Akt der Sophia: es sollen keine neuen Menschen geschaffen werden, sondern nur Einer, der *Gottmensch.* " (234f)[205]

Die traditionellen christlichen Werte und Moralvorstellungen können den Menschen im nachkonfessionellen Zeitalter nicht mehr vor dem „Zornwein Gottes" (Apk 14,10) schützen. (232) In der Konfrontation im eigenen Individuationsprozess mit sich selbst, nachdem sich in der langen Geschichte vom Deus absconditus abgezeichnet hat, dass das Erlösungswerk mit der Inkarnation in Christus nicht abgeschlossen ist, wird deutlich, „dass der einzelne Mensch selbst an der Selbstentfaltung Gottes *aktiv* mitzuwirken hat". (aaO)

So sehr sich die Individuation also durch die dunklen und mühevollen Gefilde im einzelnen Menschen vollzieht, so sehr steht der Mensch in dieser gefährdeten Welt in der Verantwortung. (233) Und je mehr der *allein* vor Gott stehende Einzelne ringt, umso mehr wird er sich „gewissermassen als Kompensation seiner Isolation mehr und mehr der Verbundenheit und Verflechtung mit den Mitmenschen und der gesamten Umwelt bewusst". (aaO) Religiöse Selbstentfremdung von der Gemeinschaft hat allerdings auch den Sinn, dass heutige Menschen zur grösstmöglichen Selbsterkenntnis gelangen, „das heisst zur Konfrontation mit der Seele und ihren göttlichen Mächten". (241)

---

geschaffen und nicht Gott, ist insofern zu entkräften, als Gott selbst es war, der den Menschen diese Erfindungsgabe in den Schoss gelegt hat." (aaO 236f)

[205] Als Jung einmal gefragt wurde, ob der dritte Weltkrieg überhaupt noch vermeidbar sei, antwortete er, „es komme darauf an, wie viele Individuen die Gegensätze in sich selbst vereinen könnten". (231; Schweizer zitiert Marie-Luise von Franz, Die religiöse Dimension der Analyse, in: Psychotherapie, Einsiedeln 1990, 195) – „Bei der im Menschen fortsetzenden Inkarnation handelt es sich um einen Wandlungsprozess des kollektiven Unbewussten, dem wir uns nur im eigenen Individuationsprozess annähern können." (SCHWEIZER, Gottesbild 232)

In der Inkarnation Jahwes in Christus ist nicht nur die dunkle Seite im Gottesbild auf der Strecke geblieben, sondern fehlt auch der weibliche Aspekt. (230) Dieser war zum Beispiel in der Sophia als präexistenter „Werkmeisterin" Jahwes (Spr 8,30) in der Weisheit Israels durchaus noch oder wieder da. (234) „Wie die indische Shakti als Geliebte des Shiva verkörpert sie [die Sophia] das weibliche Prinzip des Gottesbildes, das zum blossen Gedanken Gottes die stoffliche Gestalt, das heisst dessen konkrete Realisierung hinzufügt." (234)

Als sich das jüdisch-christliche Gottesbild mit der ebenso patriarchalisch geprägten hellenistischen Philosophie verschmolz, spaltete sich der Archetyp des Weiblichen in die konträren Gegensätze der reinen Jungfrau Maria auf der einen und der Frau als Verführerin und Urheberin des Bösen auf der anderen Seite. (aaO) Analog dazu brach das kirchliche Gottesbild in Christus und Satan konträr auseinander. (ebd) Lediglich in den vom Deus absconditus gelegten Spuren bis hin zu Martin Luther „blieb etwas von der weiblich archaischen Qualität der antiken Göttinnen erhalten". (aaO)

Da im Abendland und besonders im Protestantismus[206] das Weibliche durch diese Entwicklung noch stark untervertreten ist, die Sehnsucht nach einer Vereinigung der Gegensätze der Geschlechter im Hierosgamos aber stark ist und in Gestalten wie Sulamit (Hhl 7), der präexistenten Mitschöpferin Sophia und der Dea Naturae der Alchemie (249) Vorbilder vorhanden wären, dass beide Exponenten einander gleichwertig gegenüber stehen, könnte man meinen, dass die Aussichten auf eine Veränderung im Verhältnis der Geschlechter gut ständen. Andreas Schweizer stellt aber fest, dass der abendländische Mensch „von dieser Wertschätzung des Weiblichen noch weit entfernt (ist) ... Das Problem lässt sich eben nicht nur auf der bewussten Ebene lösen, vielmehr bedarf es dazu einer Wandlung im archetypischen Bereich." (249)

[206] „Die letztlich doch patriarchale Männerreligion des Protestantismus lässt keine Repräsentation der weiblichen Seite Gottes zu." (SCHWEIZER, Gottesbild 248)

3.4.7. Assumptio Mariä

Immerhin war es Jungs Hoffnung, dass diese Wandlung begonnen hätte, Spuren zu hinterlassen, als Papst Pius XII. 1950 das Dogma der *Assumptio Mariae* (Himmelfahrt Marias mit Körper und Seele) verkündete und in der Begründung u.a. erklären liess, die „Gläubigen aller Zeiten" hätten ja bereits an die Himmelfahrt Marias geglaubt. (SCHWEIZER, Gottesbild 249) Dadurch sei der Archetypus der Göttin belebt worden und „die Hoffnung, dass das weibliche Prinzip künftig mehr Beachtung finden könnte, (erweckt)". (254)

Anders als in den synoptischen Erzählungen von Jesu Geburt und Rettung (Mt 1-2 vgl. Lk 1-2), wo das Erlöser*kind* Ziel und Mitte des Geschehens ist, gilt in Apk 12 der Fokus der Mutter des Kindes, dem „*Sonnenweib,* das den Mond unter den Füssen und einen Kranz von zwölf Sternen auf seinem Haupte hat". (470 § 710) Indem Johannes altes Mythenmaterial aus dem judenchristlichen Bereich verwendet,[207] kommt als Vorlage für die Sonnenfrau – wie wir bereits mehrfach gesehen haben – nur die kosmische Sophia in Betracht. Sie konnte als Mutter des göttlichen Kindes gelten, da sie offenbar eine Frau im Himmel ist, das heisst eine Göttin und Gefährtin eines Gottes. Sophia entspricht dieser Definition, ebenso die erhöhte Maria.

Wenn die Apokalypse des Johannes mit einem Hierosgamos zwischen dem männlichen und dem weiblichen Prinzip endet (Apk 21-22), geschieht dies im Himmel, wo „'nichts Unreines' eindringt, jenseits der verwüsteten Welt". (492 § 710) Auch die Sonnenfrau muss bis zur Endzeit warten, während der Knabe, der jüdische Messias, vorderhand zu Gott entrückt ist. (aaO) Auf Erden aber gab es seit tausend Jahren aus einem grossen archetypischen Bedürfnis der Massen die Bewegung[208] mit dem tiefen Wunsch, dass die Fürbitterin und Matrix Maria, die Mutter Jesu, einen Platz im Himmel erhalten sollte.

---

[207] S. o. S. 85-88.

[208] 495 § 748; 498 § 752.

Jung postuliert, dass „das Weibliche eine ebenso personhafte Vertretung [im Gottesbild] (verlangt) wie das Männliche“ (499 § 753) und rät der männlich dominierten protestantischen Kirche, statt die Dogmatisierung rationalistisch zu verurteilen, ernsthaft der Frage nachzugehen, welche Gründe für die Deklaration des neuen Dogmas massgeblich waren (500 § 754) und „anlässlich des Einzugs der Gottesmutter ins himmlische Brautgemach an die grosse Aufgabe einer neuen Interpretation der christlichen Traditionen“ heranzutreten. (501 § 554)[209]

Das Motiv der *conjunctio*, der Hochzeit des Lammes, mit der die Offenbarung des Johannes (und mit ihr das Neue Testament und mit diesem die christliche Bibel) schliesst, ist berührt! (aaO) Nach Marie-Louise von Franz geht es bei dieser wahrscheinlich höchsten Stufe der Individuation „um eine *unio mystica* mit dem Selbst, welche als Einswerdung der kosmischen Gegensätze erlebt wird“.[210] Und Andreas Schweizer verbindet diese Einsicht mit den konkreten Erfahrungen Jungs, als dieser im Jahr 1944 nach einem wochenlangen lebensgefährlichen Zustand nach einem Herzinfarkt in einer Zürcher Privatklinik (BAIR 704-711) beglückende mystische Erlebnisse hatte – Visionen mit Nahtodinhalten, jüdisch-christlich-griechisch „inszenierten“ Hierosgamos-Erlebnissen und „unbeschreibbaren Seligkeitszuständen“ (ETG 298; ebd 293-299; genauer noch BAIR 704-711).

C.G. Jung erinnert sich: „Von der Schönheit und der Intensität des Gefühls während der Visionen kann man sich keine Vorstellung machen. Sie waren das Ungeheuerste, was ich je erlebt habe ...Ich hätte nie gedacht, dass man so etwas erleben könnte, dass eine immerwährende Seligkeit überhaupt möglich sei. Die

[209] Diese Fragen führt SCHWEIZER, Gottesbild 227-255 umsichtig, aber mutig weiter. Vgl. auch Eckhard Frick/Bruno Lautenschlager 139-166 (Kapitel zu Maria): „Das Irdische ist in seiner ganzen Unverklärtheit zusammenzubringen mit der göttli-chen Dimension, mit der unverlierbaren Gegenwart Gottes in unserer Welt. Diese Präsenz ist in der Gottesgeburt durch Maria endgültig manifest geworden. Und sie zielt auf die Gottes-geburt in jedem Menschen. Wir alle sind eigentlich berufen, Gottesgebärer(innen) zu sein, zu werden.“ (163)

[210] Die religiöse Dimension der Analyse, 197; vgl. SCHWEIZER, Gottesbild 254.

Visionen und Erlebnisse waren vollkommen real; nichts war anempfunden, sondern alles war von letzter Objektivität." (ETG 298f; s. auch u. S. 111)

Das Motiv der *conjunctio* steht letztlich hinter jeder Individuation, in tiefergehender Analyse zunächst als Problem der Übertragung und Gegenübertragung, und in der Liebesbeziehung zweier Menschen, die sich gegenseitig im Dienst der Individuation begegnen. Und „dahinter steht ... der Deus absconditus" rsp. „die *Dea abscondita,* eine Gottheit jedenfalls, deren Segen und Schrecken die Sehnsucht nach der Vereinigung des Getrennten weckt". (SCHWEIZER, Gottesbild 255)

„*Gott wollte und will Mensch werden.* Darum wohl hat Johannes in der Vision eine zweite Sohnsgeburt aus der Mutter Sophia, die durch eine *conjunctio oppositorum* [kursiv: AFZ] gekennzeichnet ist, erlebt, eine Gottesgeburt, die den Inbegriff eines *Individuationsprozesses* vorwegnimmt." (488 § 739)

3.5. *complexio oppositorum* in Briefen C.G. Jungs

Wie sehr Jung die Thematik der *complexio oppositorum* bis ins hohe Alter beschäftigt hat, zeigt ein Blick in einen letzten Bereich aus seinem umfangreichen Schrifttum, von dem ich in dieser Arbeit nur einen sehr kleinen Teil berücksichtigen konnte, den Briefen. Nicht wenige von ihnen sind in den drei umfangreichen Bänden JUNG, Briefe I-III[211] erhalten und sind mit Registern gut erschlossen.

Der Begriff *complexio oppositorum* für „Gott", den Jung in Anlehnung an den Philosophen Nikolaus von Cues (Cusanus) (1406-1464)[212] verwendet, kann nach ihm gerade nicht[213] entschärft werden, indem die göttliche Gegensätzlichkeit (lat. *complexio*, von lat. compleo „voll machen, erfüllen, vollenden")[214] „nur" als „contradictio" (von lat. contradico „widersprechen"[215]) statt als lat. *oppositus* („das Entgegenstellen" von „[schützend] entgegenstellen, gegenüberstellen")[216] gefasst wird. „Psychologisch handelt es sich bei der göttlichen Gegensätzlichkeit um *oppositio* und nicht um contradictio, daher Nikolaus Cusanus von ‚opposita' spricht." (JUNG, Briefe II 325f)

Verwendet Jung den Begriff zunächst noch nicht spezifisch für „Gott" (zum Beispiel am 10.7.1946 von einer möglichen Heilung im „psychophysischen Zwischengebiet" zwischen Körpersymptom und „psychologischer Seite"), (JUNG, Briefe II 38)[217] so geht es später (25.10.1955) wie in „Antwort auf Hiob" und in ETG bei der *complexio oppositorum* um eine Umschreibung für

---

[211] Jung, Carl Gustav: Briefe, hg. v. Aniela Jaffé in Zusammenarbeit mit Gerhard Adler, I (1906-1945), II (1946-1955), Olten 1972; Bd. III (1956-1961), Olten und Freiburg im Breisgau 1973.

[212] Karl Vorländer, Philosophie des Mittelalters 128-149.128.

[213] Wie es der in Fribourg und Innsbruck lehrende Psychologiedozent Josef Rudin wollte. (JUNG, Briefe II 325f)

[214] STOWASSER 119.

[215] STOWASSER 138.

[216] STOWASSER 349f.

[217] „In diesem Fall ist ... die Krankheit im vollsten Sinne eine Etappe innerhalb des Individuationsprozesses." (JUNG, Briefe II 38)

„Gott". „Als die überwältigende Erfahrung κατ' ἐξοχήν ist ‚Gott' ein ἄρρητον, ein Unaussprechliches; darüber hinaus würde ich keine Feststellung wagen, obwohl ich die traditionellen Umschreibungen einer solchen absoluten Einheit (μονότης) oder *complexio oppositorum* voll akzeptiere." (JUNG, Briefe II 515; kursiv AFZ)

Vielleicht noch näher als Cusanus liegt Jung bei der Verwendung von Begriff und Thematik der *complexio oppositorum* die Alchemie. In seiner Antwort auf das Manuskript eines Buches über die Deutung der Alchemie (JUNG, Briefe III 132 Anm. 1) schreibt er am 15.10.1957 an John Trinick, den Verfasser dieses Buches, den Alchemisten sei der „erregende Tatbestand mehr oder weniger bewusst" gewesen, dass im vorbewussten „archetypischen Ereignis" die Gegensätze nach vorangehender Trennung wieder vereinigt worden seien. „Im unvorstellbaren archetypischen Ereignis … ist … a wie b, Gestank ist Wohlgeruch, Sexualität ist amor Dei, und unvermeidlich ist auch die Schlussfolgerung, dass Gott die *complexio oppositorum* sei." (Briefe III 130; kursiv AFZ)

Und am 26.10.1957 schreibt er dem gleichen Briefpartner, der vom Christentum zu erwarten schien, die chthonischen Kräfte zu vergeistigen, dies sei der Alchemie, nicht der Kirche gelungen: „… der historisch-christlichen Psychologie geht es eher um eine Überwindung des Bösen als um eine *complexio boni et mali.*" (138; kursiv AFZ) Im Brief vom November 1955 an den Pastoral Psychology Book Club in Great Neck (N.Y./USA) schliesslich verrät Jung, dass er – von der „mittelalterlichen Naturphilosophie", der Alchemie, herkommend auf die Suche nach dem Gottesbild der „alten Philosophen" gegangen sei und schon zum Voraus vermutete, dass „alles auf eine *complexio oppositorum* hinwies" (II 522; kursiv AFZ), was sich in „Antwort auf Hiob" für ihn denn auch als wahr erwies.

Von der *complexio oppositorum* spricht Jung noch in drei weiteren überaus interessanten Briefen. Den Adressaten des ersten, **Victor White,** haben wir o. S. 72 schon kennengelernt. Zum Zeitpunkt dieses Briefes (24.9.1948) war die Beziehung der beiden Persönlichkeiten noch in scheinbar bestem Einvernehmen. Jung bittet den Theologen, ihn über die Lehre der Kirche betreffend die *Anima Christi* „aufzuklären" (II 128f). Er geht dann auf astrologische Zusammenhänge ein, die ich an sich nicht verstehe. Die Voraussage der Konjunktionen der beiden Planeten Jupiter und Saturn im Zeichen der Fische vor der Geburt Christi (7 v. Chr.; II 130 Anm. 8) und vor seiner Wiedergeburt soll in beiden Fällen eine *conjunctio oppositorum* sein (II 129). „Das könnte auf eine geheime Absicht weisen, Christus zum Mittler zwischen den Gegensätzen zu machen, d.h. zu einer Inkarnation des Archetypen des Selbst." (aaO)

Zweitens führt Jung mit der Basler Theologin und Pfarrerin **Dorothee Hoch** (1917-1996)[218] einen scharfzüngigen Briefwechsel, war doch auch sie in ihrer Besprechung seines Hiobbuches[219] mit schwerem Geschütz gegen ihn aufgefahren (II 278-281). Hatte sie ihm zunächst ihre Besprechung geschickt und ihn im Begleitbrief bezichtigt, er leide an einem Vaterkomplex[220] und hege darum Rachegefühle gegen einen „väterlichen Gott" (281), so schickt sie ihm nach seiner Antwort eine Predigt (wohl über Joh 3).[221]

Jung vermisst in Hochs Predigt dunkle, wirklichkeitsnahe Töne. (292) „Sie sprechen ... von Wiedergeburt ...Weiss der moderne Mensch, was ‚Wasser' und ‚Geist' bedeuten? Wasser ist *unten*, schwer und stofflich, Wind oben und ‚geistiger' Hauchkörper. Der antike Mensch verstand dies wohl als einen Zusammenprall von Gegensätzen, als eine *complexio oppositorum*, und empfand die-

[218] Gemäss Google; war mir vom Hörensagen bekannt.
[219] Kirchenblatt für die reformierte Schweiz" vom 22.5.1952, s. JUNG Briefe II 281 Anm. 1.
[220] S. o. S. 30 Anm. 74.
[221] So schliesse ich fast sicher aus der Reaktion Jungs in seinem zweiten Antwortbrief vom 3.7.1952 (JUNG, Briefe II 288-292).

sen Konflikt als dermassen unmöglich, dass er die Materie mit dem Übel an sich gleichsetzte." (289; kursiv AFZ) Christus dränge den Menschen geradezu in den Konflikt, und wenn wir sein Kreuz auf fromme Weise lediglich imitierten und den Konflikt in uns auf ihn abschieben würden, setzten wir Oben und Unten nicht zusammen, wichen wir dem Kreuz aus. (290-292)[222]

„Wir sind gesetzes- und traditionstreue Pharisäer, wir fliehen die Häresie ..., aber [wir sind] ja nicht etwa auf die uns auferlegte eigene Wirklichkeit, die Vereinigung der Gegensätze in uns [bedacht], sondern ziehen es vor zu glauben, dass Christus dies für uns schon getan hat." (290) Jung liest dem „sehr geehrten Fräulein Hoch" auch in seinem zweiten Brief beharrlich und zünftig die Leviten. Fast möchte man meinen, er habe ihr nicht eben im ersten geschrieben, dass der Mensch von heute „nicht angepredigt werden (will)" (280). Aber Recht hat er! Ich finde diesen zweiten Brief Jungs an Dorothee Hoch eine einmalig klare und gut verständliche Äusserung des grossen Schweizer Psychiaters zum Thema „reifer Glaube angesichts des Kreuzes Jesu".

Auch von **Jakob Amstutz** (1919–1995), wie Dorothee Hoch damals Schweizer Pfarrperson (ab 1970 Professor für Philosophie an der Universität Gielph/Ontario)[223], hatte Jung ein „typeskript" zur „Lehre vom werdenden Gott" zugeschickt erhalten, und er reagierte darauf am 23.5.1955 (JUNG, Briefe II 491-493). Gegenüber jenes philosophischen Denkens, das glaubt, Gott Eigenschaften zuschreiben zu können – und sei es auch nur „werdend" (492) – wendet Jung ein, dass „jedes metaphysische Urteil *notwendigerweise antinomisch (ist)*, denn es ... muss ... immer durch die Gegenposition ergänzt werden". (ebd) „Gott" ist für Jung ein „nicht zu lüftendes Geheimnis, dem ich nur *eine* Eigenschaft zutrauen muss, nämlich, dass es vorhanden ist in Gestalt eines besonderen psychischen Ereignisses, welches ich als numinos empfinde ...". (ebd)

---

[222] Dieser Gedanke ist Jung auch in ETG 283f überaus wichtig.
[223] Gemäss Google; war mir vom Hörensagen bekannt.

„Gott“ ist aber auch eine Aussage (Mythologem), die auf archetypischen Voraussetzungen gründet, und auf diesen beruhen wiederum die „instinctual pattern“ (Anschauungsformen der Instinkte). Instinkte und Anschauungsformen haben eine gewisse *Autonomie,* die sich unter Umständen gegen Erwartungen des Bewusstseins durchsetzen, was sie „in gewissem Sinne“ zum Numinosum macht. „'Gott' ist in dieser Hinsicht ein biologisches, instinkt- und naturhaftes ‚Modell', ein archetypisches Arrangement von individuellen, zeitgenössischen und historischen Inhalten ...“ (ebd)

Dieses „Modell“ muss in jedem Fall der Kritik unterliegen, auch das Bild des „werdenden“ Gottes. Das Reden von und über Gott als Mythologie basiert auf archetypischer Grundlage und ist ein unumgängliches, „vitales psychisches Geschehen“. (493) Die relativ autonomen Archetypen verlangen symbolische Aussagen wie „werdender Gott“, Himmelfahrt Mariä, Himmelskönigin oder „Gott als *complexio oppositorum“*. (ebd; kursiv: AFZ) In diesen Fragen muss aber „die gnostizistische Gefahr, dass die Tatsache des unerkennbaren und unbcgreiflichen und unsagbaren Gottes durch Philosopheme und Mytgologeme verdrängt wird, klar erkannt werden, damit nichts zwischen das menschliche Bewusstsein und die numinose Urerfahrung hineingeschoben werden kann“. (ebd)

4. Teil: War Jung ein Mystiker?

Wir haben bereits gesehen, dass Jung selbst sich nicht auf die Bezeichnung „Mystiker“ festgelegt wissen wollte.[224] Gewiss will auch ich den grossen Schweizer Psychologen nicht in ein religiöses Korsett stecken, das nicht zutreffend wäre für ihn. Unterdessen sind aber viele Jahre vergangen, und es geht mir heute nur darum, aus der gebührenden zeitlichen Distanz und aus der Lektüre ausgewählter Schriften heraus zu fragen, ob es nicht ein bislang wohl übersehener, aber wichtiger *Aspekt* seiner Persönlichkeit gewesen sein könnte, dass er trotz seiner Kirchen- und Religionskritik ein säkularer Mystiker war.

Ich behaupte ausdrücklich nicht, Jung sei *nur* Mystiker, nicht einmal, er sei *in erster Linie* Mystiker gewesen.[225] Dazu scheint er mir eine viel zu vielseitige Persönlichkeit gewesen zu sein. Aber ich frage, ob er neben seiner Rolle als Arzt, Psychiater und Psychologe, neben seiner leidenschaftlichen Tätigkeit als eigenwilliger, überaus belesener geistesgeschichtlicher Forscher, standespolitischer Funktionär (BAIR 611-657) und neben seiner zeitlich unbedeutenden Funktion als Sanitätshauptmann[226] und anderem nicht *auch* ein bedeutender Mystiker des 20. Jahrhunderts war und in die Religions- und trotz oder gerade wegen seiner oft beissenden Kritik an der „theologischen“ Religion der Konfessionen in die Kirchengeschichte des 20. Jahrhunderts hineingehöre.[227]

---

[224] S. o. Einleitung S. 12.

[225] Es kann zum Beispiel auch in der Patristik die Frage aufbrechen: War Augustin ein Mystiker oder war er es nicht? (Hans Urs von Balthasar in Mariano Delgado/Gotthard Fuchs, I, 9-18.14). Meine Ausgangsfrage scheint also fast 50 Jahre nach dem Tod C.G. Jungs auch berechtigt zu sein, auch wenn wir uns bei ihm in einem überaus kirchen- und christentumskritischen, gleichsam interreligiösen Milieu befinden.

[226] Jung schrieb in anderem Zusammenhang im schon erwähnten Brief vom 28.5.1952 Pfarrerin Dorothee Hoch: „Wenn ich mit nachweisbarem Recht von mir selber sage, ich sei Sanitätshauptmann in der schweizerischen Armee, so werden Sie wohl kaum daraus schliessen, dass dies meine einzige Qualifikation sei.“ (Briefe II 279)

[227] Der Zürcher Praktologe Walter Bernet schloss sein Porträt Jungs 1966 in: Tendenzen der Theologie im 20. Jahrhundert, 150-155, mit der Feststellung: „… dieser Outsider der Theologie hat mit der schonungslosen Konsequenz, mit der er den Menschen an die Erfahrung weist, mit seiner unbequemen Kritik am kirchlichen Reden von Gott, mit seiner kühnen Sicht vor allem der protestantischen Kirche heutigem theologischem Denken Fragen eingeschärft, die um der Sache der Theologie willen unumgänglich, in ihrer Härte aber wegweisend sind.“

Wir trafen in unserer Arbeit nicht zuletzt in Jungs Briefen, wo manches persönlicher ausgesprochen wird als in Vorträgen, Schriften und Büchern, Aussagen rsp. Andeutungen, die nur im Sinne der Mystik verstanden werden können, wenn er zum Beispiel einem Katholiken und Psychologie Lehrenden das Verständnis der *complexio oppositorum* bei Cusanus erklärt und in der Art eines Mystikers sehr schön formuliert, als „die überwältigende Erfahrung κατ' ἐξοχήν“ sei „„Gott' ein ἄρρητον, ein Unaussprechliches“ (s. o. S. 98). Oder wenn er zwar nicht in hohen Tönen der Theologie, aber in allgemein mystischer Tendenz klar ausspricht, dass wir „auf die uns auferlegte eigene Wirklichkeit, die Vereinigung der Gegensätze in uns“ bedacht sein sollen (s. o. S. 100).

Bemerkenswert ist ferner, wie Jung immer wieder Mystiker wie Meister Eckhart, Nikolaus von Kues, Jacob Böhme, Angelus Silesius u.a. erwähnt und sich ihnen inhaltlich anschliesst.[228] Und die ganze in „Antwort auf Hiob“ entworfene, auf dem persönlichen und kollektiven Unbewussten beruhende Individuationskonzeption Jungs ist in einem offenen Sinn mystisch. Aber greifen wir nicht vor. Untersuchen wir zunächst, was unter „Mystik“ genauer verstanden wird.

Allenthalben klären die Fachleute in ihren Artikeln in den wichtigsten deutschsprachigen Enzyklopädien,[229] was sie meinen, wenn sie von „Mystik“

---

(155) Diese Sätze klingen danach, als hätte Jung der protestantischen Kirche gegenüber geradezu *prophetisch* gewirkt. Vgl. auch WEHR 60: „Wenn Jung weder ein traditioneller Mystiker noch ein religiöser Führer geworden ist: die Anlage zum homo religiosus war ihm mitgegeben.“

[228] Auch Johannes vom Kreuz wäre hier zu nennen. Jung beschäftigte sich öfter mit ihm und kommentierte die Spiritualität des Karmeliten, vgl. Günter Benker, Die dunkle Nacht der Ganzwerdung, C.G. Jung und der Mystiker Johannes vom Kreuz, 245-272. Und auch seine Bezugnahmen auf die „Exercitia Spiritualia“ von Ignatius von Loyola gehören in diesen Zusammenhang: z.B. GW 11,616f § 937 ff; 627 § 957; BRIEFE II 22.128.481; III 350. Jung hielt 1939/40 an der ETH Zürich eigens eine Lehrveranstaltung über die Ignatianischen Exerzitien, s. Eckhard Frick/Bruno Lautenschlager aaO 71-91. bes. 78.198.203.

[229] Peter Gerlitz, Art. Mystik I. Religionsgeschichtlich, in: TRE 23 (1994), 534-547; Andrew Louth, Art. Mystik II. Kirchengeschichtlich, in: TRE 23 (1994), 547-580; Hartmut Rosenau, Art. Mystik III. Systematisch-theologisch, in: TRE 23 (1994), 581-589; Michael von Brück, Art. Mystik, Begriff. Religionswissenschaftlich, in: RGG[4] V (2002), 1651-1654; Ulrich Köpf,

sprechen, trotz der Unmöglichkeit, von einer allgemein anerkannten Definition ausgehen zu können, was dem rational nicht fassbaren Thema wohl auch entspricht.[230] Ganz allgemein formuliert Thomas Ohm, dass „der schwer fixierbare Begriff Mystik[231] im strengen religionswissenschaftlichen Sinn die das gewöhnliche Bewusstsein und die verstandesmässige Erkenntnis übersteigende unmittelbare Erfahrung der göttlichen oder transzendenten Realität (meint)".[232] (732)

Mariano Delgado und Gotthard Fuchs müssen sich für ihr spannendes Buchprojekt „Die Kirchenkritik der Mystiker" (Bd. 1: Mittelalter; Bd. 2: Frühe Neuzeit; Bd. 3: Von der Aufklärung bis zur Gegenwart) entscheiden, wie eng oder wie weit sie den Begriff „Mystiker" fassen wollen, um zu wissen, welche Persönlichkeiten in ihren Bänden dargestellt werden sollen. Sie lehnen sich an Karl Rahner und Hans Urs von Balthasar an, die jeder auf seine Weise einen engeren und einen weiteren Begriff von Mystik ansprechen. ***Rahner*** unterscheidet überaus allgemein zwischen dem „Normalfall eines Christenlebens unter dem Primat der Gnade" als Alltagsmystik einerseits und „aussergewöhnlichen Versenkungsphänomene[n], die uns bei den grossen Mystikern aller Religionen begegnen" andererseits (Delegado/Fuchs Bd. I S. 11f). ***Von Balthasar*** stellt eine weite und eine enge Begrifflichkeit in der Mystikforschung fest: „Manche [...] möchten zentral [einerseits] die ‚normale' Entfaltung des christlichen Lebens im

---

Art. Mystik. Christliche Mystik, in: RGG[4] V (2002), 1659-1663; Thomas Ohm, Art. Mystik. Religionsgeschichtlich, in: LThK[2] VII (1962), 732-733.

[230] „Jede Mystik ... bedarf einer eigenen Definition." (Gerlitz 534) Vgl. auch Mariano Delgado/Gotthard Fuchs I, die von der „Quadratur des Kreises sprechen", wenn bestimmt werden soll, was unter Mystik zu verstehen ist, und originellerweise anstelle einer westlichen „Definition" einen Text der chilenischen Litertur-Nobelpreisträgerin Gabriela Mistral aus der Erzählung „Die Harfe Gottes" bringen; „... Von Sonne zu Sonne lässt Gott auf seine Geschöpfe Melodien herabströmen ..." (10f)

[231] Ich löse im folgenden die aus Platzgründen in Fachlexika üblichen Abkürzungen um der besseren Lesbarkeit willen auf.

[232] Dass Mystik in ihrem Wesen Erfahrung ist und die Erfahrung auch bei C.G. Jung an allererster Stelle steht, haben wir oben S. 12f einleitend bereits festgestellt. Lernt man Jung von seiner religiös-erfahrungsbetonten Seite her kennen, drängt sich die Frage schon nur von da her auf, ob er nicht selbst ein Mystiker sei.

Heiligen Geist so benannt wissen, wobei dann die ausserordentlichen charismatischen Phänomene entweder zu Epipänomenen einer gewissen Periode der Entfaltung oder zu solchen, die ganz fehlen können oder auf der höchsten Stufe überwunden werden müssen, degradiert werden. Andere [andererseits] [...] ziehen im Gegenteil einen dicken Trennungsstrich zwischen dem normalen Glaubensleben auch des lebendigen Christen und jenen aussergewöhnlichen Erfahrungen, die für sie erst mystisch genannt zu werden verdienen." (Delegado/Fuchs Bd. I, S. 13f)

Andere Mystikforscher unterscheiden von allem Anfang an zwischen zwei oder drei Haupttendenzen in der Mystik, die allerdings oft ineinanderfliessen:

- Visionäre, allenfalls ekstatische Erfahrungen des unmittelbaren Einsseins mit Gott oder dem göttlichen Seinsgrund, seit Ps.-Dionysius „unio mystica" genannt (Rosenau,[233] Köpf,[234] von Brück[235]). Als Beispiele gelten u.a. Johannes Tauler, Teresa von Avila und Johannes vom Kreuz.[236]
- Reflexiv und argumentativ erlangte innere „Schau" (Rosenau,[237] Köpf,[238] von Brück[239]) mit Meister Eckhart und Nikolaus von Kues[240] als Beispielen, Jakob Böhme stehe dazwischen.[241]

  Auch Jung, der schon mit der Münstervision aus dem Wagnis heraus, durch Denken das Tabu der Sünde wider den heiligen Geist zu durchbrechen, „allen Mut zusammen(fasste) und *den Gedanken kommen*

[233] AaO 581.
[234] AaO 1659.
[235] AaO 1653.
[236] Rosenau aaO.
[237] AaO.
[238] AaO.
[239] AaO.
[240] „Ob *Nikolaus von Kues* selbst Mystiker war oder nicht eher ein ‚mystischer Philosoph', ist eine Streitfrage. Doch auch wenn er es nicht gewesen sein sollte, verdiente er ... in der Geschichte der abendländischen Tradition ... eine Anerkennung." (563) Ebendies gilt m.E. auch für Jung.
[241] Rosenau aaO.

(liess)" (kursiv AFZ) (s. o. S. 44) und seine Vision bei aller Emotionalität auch einfach „Einfall" nennen kann (s. o. S. 63 Anm. 136), der in seinen Imaginationen bekanntlich dann tiefe Erfahrungen mit dem eigenen und dem kollektiven Unbewussten gemacht hat (LIBER NOVUS), gehört gewiss mit Böhme zwischen die visionäre und reflexiv-argumentative Tendenz der Mystik, besser gesagt, er umfasst beide Tendenzen.[242]

- von Brück schliesst als dritte Tendenz noch eine aktiv handelnde an: „Es gibt eine eher intellektuelle Mystik der Einheitsschau neben einer emotional bestimmten Mystik der personalen Beziehung (Metaphern der Erotik) *und einer handlungsorientierten Mystik der intensiven Beziehung zu Gott (dem Absoluten) durch sozial wirksames Handeln.* (kursiv AFZ)[243]

Ist es nun aber legitim, C.G. Jung der Mystik zuzuordnen? Und was ist damit gemeint, ja allenfalls gewonnen? Gibt es weitere Kriterien, was Mystik ist, damit wir Jung an ihnen „messen" können?

Die Begriffsgeschichte ist umstritten und trägt zur eigentlichen Charakterisierung der Mystik wenig bei. (Köpf 1653; Gerlitz 543) Lediglich von Brück (1651) skizziert, „Mystik" komme von griech. μύειν „sich schliessen" (die Augen und den Mund), μυστικός sei seit Origenes auf den allegorischen Schriftsinn bezogen, die μυστική θεολογία für die mystische Einigung Vorbild für das ganze Mittelalter, und zur ersten Verwendung des Substantivs „Mystik" sei es erst im Frankreich des 17. Jahrhunderts gekommen („la mystique").[244] Seit dem frühen 20. Jahrhundert wird der Begriff auch auf andere Kulturen übertragen, was auch als Übergriff

---

[242] Jung bezieht sich jeweilen mit Vorliebe auf Eckhart und Cusanus.

[243] AaO. Vgl. auch Delgado/Fuchs I aaO: „Zeichen echter christlicher Mystik ist die praktizierte, nicht bloss geglaubte Einheit von Gottes- und Nächstenliebe; denn gerade der Mystiker weiss mit Johannes vom Kreuz, dass wir am Abend (des Tages, des Lebens, der Welt) in der Liebe geprüft werden sollen (D [Merksätze von Licht und Liebe] 59) – nicht über den Grad unserer mystischen Erfahrung." (14) Bemerkenswerterweise erlebt der Knabe Carl Jung seine initialisierende Münstervision als Durchbruch zur Verantwortung („Damals hat meine eigentliche Verantwortlichkeit begonnen" [ETG 46] s.o.S. 45). Und sein ganzes Werk scheint übergreifend von der Sorge um die Bewältigung der durch grosse Krisen herbeigeführten Menschheitsprobleme bestimmt zu sein. Möglichst viele Einzelne müssen in der Individuation zum Selbst finden, sonst geht diese Welt in einer grossen Katastrophe zugrunde.

[244] Vgl. auch Delgado/Fuchs I 13.

kritisiert wird. (von Brück 1652) Gerlitz 534 stellt eine „Universalität der Mystik" vielfachen „Mannigfaltigkeiten" gegenüber, dass sich lediglich „gemeinsame *Charakteristika* entdecken (lassen)". (kursiv AFZ)

Folgende Merkmale verdeutlichen, woran wir den Mystiker erkennen (a – d gemäss Gerlitz aaO; e nach Delgado/Fuchs]:

a) Asketische und meditative Techniken;
b) Visionen und Auditionen;[245]
c) Licht- und Finsternismetaphern;
d) Mystische Vereinigung, welche entweder Erleuchtung, oder auch Vernichtung zur Folge haben kann;[246]
e) Kirchenkritik.[247]

Gehen wir diese Kriterien der Reihe nach durch, dann sehen wir, ob sie uns helfen, auf die Frage „War C.G. Jung Mystiker?" eine Antwort zu finden. Ich beginne beim letzten und gehe von hinten nach vorn.

Delgado und Fuchs beschränken die ***Kirchenkritik*** als Kriterium auf Kirchenreform und auf das Ziel, dass *die Kirche* „immer ‚christusförmiger' werde'" (aaO). Bei allem Einverständnis gerade auch zum zweiten ihrer Anliegen gehe ich bei diesem Kriterium von grundsätzlicherer Kirchen***kritik*** aus, führt mystische Spiritualität doch zur Individuation, zu erhöhter Eigenständigkeit und per-

---

[245] Bei diesem Kriterium ist Vorsicht am Platz. Johannes vom Kreuz, welcher m.E. nach allerdings das Seelische unterdrückt (auch ein Traumleben als Ausdruck der Seele darf bei ihm nicht mehr vorkommen), hält Visionen, Ekstasen und Entrückungen „für sekundäre, ja unwichtige und gefährliche Epiphänomene". (Delgado/Fuchs 11). Wie er und die „Wolke des Nichtwissens" vor „Schäden" bis hin zum Wahnsinn warnen, s. mein Essay zu Johannes vom Kreuz vom Oktober 2009 S. 2 Anm. 2. Auch Meister Eckhart mass solchen Erscheinungen bekanntlich kaum Bedeutung zu (Delgado/Fuchs ebd), ist er doch dem reflexiv-argumentativen Typ Mystik zuzuordnen. (s.o.) Extremerfahrungen, die „gefährlich" werden können, führt Gerlitz aaO in seinem Kriterienkatalog als letztes an (d). Ohne wirklich intensive Erfahrungen offenbar doch keine wirkliche Mystik (vgl. C.G. Jung)!

[246] Einteilung mit a – f durch AFZ.

[247] Mariano Delgado/Gotthard Fuchs, I 14.

sönlicher Unabhängigkeit, und damit fast zwangsläufig zu mehr oder weniger radikaler Kirchenkritik. Spirituell Erfahrene und Suchende werden dabei nicht selten zu kirchlichen Grenzgängern (Marguerite Porete, Martin Luther, Jacob Böhme etc).

Marguerite Porete musste für ihre Überzeugung in Paris 1310 vor versammelter Menge den Verbrennungstod erleiden (s. u. S. 128). ***Johannes vom Kreuz*** wurde um seiner Kritik an seinem geistlich zerfallenden Orden in neunmonatige, finstere Kerkerhaft gesetzt und von Mitbrüdern gefoltert.[248] Es kann nicht blosse Floskel gewesen sein, wenn Jung meinte, dass man ihn im Mittelalter als Ketzer verbrannt hätte. (ETG 6)

Schon nur Jungs Kritik an der „theologischen Religion" und den Riten der Kirche bis hin zur schmerzenden Distanznahme als Folge der Münstervision, welche einer Art Berufung gleichzukommen scheint, kennzeichnen Jung als mystischen Menschen, der seinen eigenen Weg trotz grossen Widerständen von innen heraus konsequent geht.[249]

Dass die mystische Arbeit an und mit der Seele ***Erleuchtung oder Vernichtung*** zur Folge haben kann, war Jung gewiss auch tief erlebte Erfahrung. Im Rückblick spricht er von seiner „Münstervision" nicht zufällig als von einer „Erleuchtung" (ETG 44). Und in „Antwort auf Hiob" fällt dieser Begriff schwergewichtig zusammenfassend im letzten Satz, welcher nach erfolgter Erklärung der Vereinigung des männlichen und weiblichen Prinzips in der menschlichen Seele abschliessend die Gefahr der Inflation erwähnt, dass der Mensch wie Paulus aber berufen und sündig in einem bleibe. „Das heisst, selbst der erleuchtete Mensch

---

[248] Günter Benker, Die ‚Dunkle Nacht' der Ganzwerdung, 248f; mein Essay, Die ‚dunkle Nacht' bei Juan de la Cruz, 5f.

[249] In die tiefenpsychologische Deutung der Elemente der Vision (Kirche, Exkrement, Trümmer) wage ich mich als psychologischer Laie bewusst nicht hinein. Zur „theologischen Religion" der Kirche nach C.G. Jung s. S. 50 Anm. 117.

bleibt der, der er ist, und ist nie mehr als sein beschränktes Ich gegenüber dem, der ihm einwohnt und dessen Gestalt keine erkennbaren Grenzen hat, der ihn allseits umfasst, tief wie die Gründe der Erde und weiträumig wie der Himmel." (GW 11, 504 § 758) Nicht nur die Sprache, die Erfahrung selbst und die Hinführung anderer zur Individuation hat bei C.G. Jung bei aller Überraschung, die eine solche These auslösen kann, doch wohl sehr viel mit ***Mystik*** zu tun.

Jungs eigene Erlebnisse in seinen „Traumwanderungen" (Imaginationen) ab 12.12.1913 in seinem eigenen Haus in Küsnacht waren oft bedrohlich und vernichtend. (ETG 182ff) Er saust in die Tiefe (s. u. S. 110 Anm. 253), kann sich eines Gefühls von Panik nicht erwehren. (182) Er erlebt schon als Einstieg in die jahrelange eigene Auseinandersetzung mit dem Unbewussten, die ihn in derselben Weise immer wieder Vernichtendes erfahren lässt, Schreckliches. (ETG 183) Als Gegenwelt brauchte er in dieser Zeit Familie und Beruf als „Basis, zu der ich immer wieder zurückkehren konnte ... Die Inhalte des Unbewussten konnten mich bis-weilen ausser Rand und Band bringen." (ETG 193) Jung scheint also auch in dieser Hinsicht die Kriterien eines mystischen Menschen zu erfüllen.

Was die erwarteten ***Licht- und Finsternismetaphern*** anbelangt, möchte ich den Kriterienkatalog von Gerlitz ergänzen. Wir haben bereits gesehen, dass die Mystikforschung zu grossen Teilen zwischen visionären und reflexiv-argumentativen Mystikern unterscheidet,[250] wobei Jung gewiss eher dem letzteren Typ zuneigt. Ausserhalb seiner methodisch eigenverantwortlich beherrschten und nachher im Bewussten professionell verarbeiteten archetypischen ***Träume und Visionen*** (auch mit Auditionen) war bei ihm sicher nichts Derartiges zu erwarten, was andere Mystiker direkt oder indirekt im Alltag erleben.[251] Aber durch seine Fähigkeit – auch als Psychiater –, innere Bilder hervorzurufen (s.u.), erlebte er abseits von aller Normalität auch sehr wirkungsstarke Träume und Visionen (mit Auditionen).

---

[250] S. o. S. 105.

[251] Zu prüfen wäre, ob Parapsychologisches, das Jung erlebt hat, hier doch anzuführen wäre.

Wäre als letztes noch das Kriterium zu bedenken, dass Mystiker ***asketische und meditative Techniken*** entwickelt rsp. angewendet haben. Abgesehen davon, dass der Bollinger Turm, den sich Jung als Ort des Rückzugs am Ufer des Zürichsees eigens baute und der ihm beim Holzhacken, am Herdfeuer, ohne Elektrizität asketische, meditative Zeiten voller Kreativität bescherte (ETG 229f)[252], hatten seine Visionen etwas methodisch überaus Bewusstes an sich. Schon wie er im „Erinnerungsbuch“ bedacht die Momente des Eintauchens in die Visionen beschreibt, wie er jeweilen durch Gedanken, Zweifel und Emotionen hindurch in die Vision hineingegangen rsp. hinuntergestiegen ist,[253] lässt ahnen, dass hier Methode im Entstehen begriffen war.[254] Und so kam es denn auch, dass sich aus den Jungschen Begegnungen mit dem Unbewussten die Methode der Aktiven Imagination entwickelte.[255]

Wer also wollte nicht meinen, in C.G. Jung sei ein Vertreter einer zwar nicht kirchlichen, nicht speziell innerchristlichen, aber in seiner weltoffenen Art säkularen Mystik zu sehen? Einen Hinweis darauf gibt Andreas Schweizer auf der zweitletzten Seite seines Buches (SCHWEIZER, Gottesbild 297), dass Jung im Rückblick auf seine Zeit nach seinem Herzinfarkt im Jahre 1944 ein mystisches Erlebnis beschreibe, für das er immer wieder keine Worte finden könne:

---

252 Vgl. das Zeugnis Jungs im Brief vom 30.5.1937 (zit. in Aniela Jaffé, C.G. Jung, Bild und Wort S. 180): „Einsamkeit ist für mich eine Heilquelle, die mir das Leben lebenswert macht.“

253 „Ich kam also wieder zum selben Schluss. ‚Gott will offenbar auch meinen Mut‘, dachte ich. ‚Wenn dem so ist und ich tue es, dann wird Er mir seine Gnade und Erleuchtung geben. Ich fasste allen Mut zusammen, wie wenn ich in das Höllenfeuer zu springen hätte. Und liess den Gedanken kommen. Vor meinen Augen stand das schöne Münster…“ (ETG 45) S. o. S. 44. – „Es war in der Adventszeit des Jahres 1913, als ich mich zum entscheidenden Schritt entschloss (12. Dez.). Ich sass an meinem Schreibtisch und überdachte noch einmal meine Befürchtungen, dann liess ich mich fallen. Da war es mir, als ob der Boden im wörtlichen Sinne unter mir nachgäbe, und als ob ich in eine dunkle Tiefe sauste.“ (ETG 182)

254 Sonu Shamdasani, Einleitung zum Roten Buch S. 196 bemerkt, wie ich in der Einleitung (o. S. 10 Anm. 5) bereits erwähnte, der Knabe Carl Jung habe wohl „über die Fähigkeit verfügt, solche Bilder [visuelle Halluzinationen] willkürlich hervorzurufen.“

255 Karl Baier, Meditation und Moderne, 624-647.

"Ich [C.G. Jung] fühlte mich, als ob ich im Raum schwebte, als ob ich im Schoss des Weltraumes geborgen wäre – in einer ungeheuren Leere, aber erfüllt von höchstmöglichem Glücksgefühl. Das ist die ewige Seligkeit, das kann man gar nicht beschreiben, es ist viel zu wunderbar, dachte ich." (ETG 297)

Jung scheint auch von den Jesuiten Eckhard Frick und Bruno Lautenschlager, die als praktizierende Psychiater beide der Jungschen Schule angehören, der Mystik zugeordnet zu werden, wenn sie in ihrem spannenden Buch[256] einerseits längere Texte bringen, in welchen es darum geht, den „Transzendenzbezug des jungschen Denkens" aufzuweisen (191), sie diese andererseits dialogisch diskutieren und damit zu vertiefen verstehen. Die ausgewählten Texte sollen einen „'jungianischen' Zugang zur Spiritualität ... skizzieren." (9). Schlüsselstelle ist ihnen dabei das Zitat aus ETG 327: „Die entscheidende Frage für den Menschen ist: Bist du auf Unendliches bezogen oder nicht? Das ist das Kriterium seines Lebens." (aaO 191)

So kann es nicht verwundern, wenn die beiden dabei wiederholt bei dem „oft zitierten, aber damit noch nicht ausgeschöpften Satz Karl Rahners" ankommen, dass der Fromme von morgen als unabdingbare Voraussetzung seiner Existenz Mystiker sei. (39; vgl.193; s. auch unsere Arbeit o. S. 12) Jung hat vieles vorweggenommen, was für die heutige Spiritualität wichtig ist. (32) Und die Autoren schliessen ihren anregenden Dialog mit der Feststellung Jungs, dass „das ‚mysterium magnum' nicht nur an sich vorhanden, sondern auch vornehmlich in der menschlichen Seele begründet ist. Wer das nicht aus Erfahrung weiss, der mag ein Hochgelehrter der Theologie sein; aber von Religion hat er keine Ahnung und noch weniger von Menschenerziehung." (193; Zitat aus GW 12, S. 13)

---

[256] Eckhard Frick/Bruno Lautenschlager, Auf Unendliches bezogen. Spirituelle Entdeckungen bei C.G. Jung, München 2008.

Anhang: Der Deus absconditus in der jüdisch-christlichen Entwicklung des Bewusstseins

(nach Andreas Schweizer, Der erschreckende Gott, München 2000)

Einleitung

Andreas Schweizer hat als Vertreter der archetypischen Psychologie C.G. Jungs in einer aufschlussreichen Monographie[257] den Doppelaspekt im Gottesbild in der abendländischen Geschichte seit der Überlieferung von Gottes verhüllender Offenbarung am Sinai bis hin zur europäischen Mystik, zu Luther und C.G. Jung dargestellt. Ergänzend dazu hat er seine Erkenntnisse in einem im Rahmen der Stiftung Eranos in Moscia 2001 gehaltenen Vortrag[258] vertieft.

Der *bewusstseinsgeschichtliche Längsschnitt* Schweizers bildet die grosse Linie, in der auch die Vision des elfjährigen Kleinhüninger Gymnasiasten Carl Jung vom zerstörten Basler Münster steht, die für die *complexio oppositorum* in Gott beim späteren Arzt C.G. Jung zentral wichtig war. Ich gehe im Anhang zu dieser Arbeit dem Buch Schweizers entlang, das „tiefenpsychologische Wege zu einem ganzheitlichen Gottesbild" aufzeigt.[259]

Bezeichnenderweise war es ausgerechnet der Wittenberger Reformator Martin Luther, der im ersten Viertel des 16. Jahrhunderts die entscheidenden Anstösse zur Bildung der neuen „theologischen Religion"[260] in den evangelischen Kirchen

---

[257] Der erschreckende Gott. Tiefenpsychologische Wege zu einem ganzheitlichen Gottesbild, München 2000.

[258] „Fare hin mit deinem geist an galgen!" – Martin Luther und C.G. Jung, in: Erik Hornung/ Andreas Schweizer, Der Mensch und sein Widersacher. Eranos 2001/2002, 2003, 43-77.

[259] Untertitel des in Anm. 257 erwähnten Buches.

[260] S. o. S. 50 Anm. 117.

Europas gab.[261] Diese erneuerte ab 1529 auch das religiöse Leben Basels[262] und liess auch das Münster dieser Stadt einen Bildersturm erleben.[263] Luther sprach nach erschreckenden Erfahrungen[264] als junger Mönch in der Zelle des Erfurter Augustinerklosters vom „Deus revelatus", der zugleich „Deus absconditus" sei.[265]

Während die ältere Forschung den Ursprung der „Deus-absconditus-Lehre" Luthers in seiner Erklärung zu Psalm 18,20 sah („Sein Gezelt um Jhn her war finster, und schwarze dicke Wolken, darinn Er verborgen war" [Lutherübersetzung 1534, Ausgabe Nürnberg 1720]), die er in Auseinandersetzung mit Pseudo-Dionysius Areopagita entwickelte,[266] zeigte Karl-Heinz zur Mühlen 1991, dass Luther die Unterscheidung vom „Deus absconditus et revelatus" in der Auseinandersetzung mit Erasmus gewann. Im Zusammenhang mit der Prädestinationsfrage[267] kann Gott nicht erkannt und verstanden werden, ist er also unerforschlich, verborgen („absconditus"). Während er auf diese Weise „unterschiedslos Leben und Tod wirkt, ‚geht der gepredigte Gott darauf aus, dass Sünde und Tod beseitigt, und dass wir gerettet werden…'".[268] Zumindest dem frühen Luther darf also attestiert werden, dass er beides im Blick hatte: den erschreckenden Gott und den gnädigen Vater im Himmel.

---

[261] Robert Stupperich, Geschichte der Reformation, München 1967.
[262] S. Hans Guggisberg/Peter Rotach (Hg.), Ecclesia semper reformanda, 7-75.
[263] Werner Pfendsack. Lebendige Steine, 10-15, bes. 12.
[264] Stupperich aaO 41-43. „… Luthers ‚Klosterkämpfe'… sind … in ein gewisses Dunkel gehüllt. Das berechtigt nicht, … die Klosternöte als leere Legende abzutun." (41f)
[265] Thomas Reinhuber, Art. Deus absconditus/Deus revelatus, in: RGG[4] IV 683f. Wir sprechen im evangelischen Raum seit Luther vom „Deus absconditus", um die dunkle Seite Gottes zu bezeichnen. Ausführlich zu Luther auch u. S. 137-145.
[266] Artur Rühl, Der Einfluss der Mystik auf Denken und Entwicklung des jungen Luther, 82.
[267] Erasmus betont gegenüber dem Prädestinationsglauben skeptisch das alte quae supra nos, nihil ad nos („was über uns ist, geht uns nichts an"), die Unerforschlichkeit Gottes. Demgegenüber „bringt Luther mit seiner Unterscheidung von *deus absconditus* und *revelatus* die Selbstoffenbarung Gottes in Sachen des Heils zur Geltung". (Karl-Heinz zur Mühlen aaO 535,16-18; vgl. Eberhard Jüngel, Quae supra nos, nihil ad nos, EvTh 32(1975),192-240.220 meint: „… die viel strapazierte Unterscheidung soll nicht die Undefinierbarkeit Gottes, sondern die Definitivität der Offenbarung Gottes zur Geltung bringen." (220)
[268] Karl-Heinz zur Mühlen aaO 535,23f (Lutherzitat WA 18,685,19f).

Jung schrieb am 30.6.1956 der in den USA tätigen Analytikerin Elined Kotschnig, welche die Jungsche Psychologie in ihrer Anwendung auf die Religion besonders in Quäkerkreisen vermittelte,[269] dass sich „in der Beziehung des Menschen zu Gott wahrscheinlich eine bedeutende Wandlung vollziehen (muss)! Unsere Gottesverehrung und unsere Beziehung zu Gott werden nicht mehr … in Kindergebeten zu einem liebenden Vater Ausdruck finden, sondern im verantwortlich gelebten Leben und in der Erfüllung des göttlichen Willens in uns Gestalt gewinnen."[270]

Wem immer es schwer fällt, an die Erlösung durch Christi einmaligen und endgültigen Opfertod zu glauben, und spürt, dass das Drama zwischen Gott und Mensch „noch lange nicht abgeschlossen ist" (SCHWEIZER, Gottesbild 13),[271] ist dazu aufgerufen, die „im Unbewussten … verborgenen, heilenden Bilder, denen der bewusste Zeitgeist keine Beachtung schenkt" als „Keime einer zukünftigen Entwicklung … ernstzunehmen". (ebd)

Auch Schweizer geht also davon aus, dass sich das Gottesbild des heutigen Menschen wandeln muss.[272] Seine Folgerung legt sich besonders nahe, wenn wir die „Münstervision" des Knaben Carl Jung als besondere Manifestation des kollektiven Unbewussten ernstnehmen. Die psychologische Wahrheit des Paulusworts I Kor 3,11 vom Grund, welcher gelegt ist (Jesus Christus) besagt, dass der heutige Mensch „vom Selbst her gesehen, d.h. aus der Sicht des ewigen inneren spirituellen Kerns" dem Weg folgen kann, der ihn zu einer „allmählichen Erhellung des Bewusstseins führt".(33)[273] *Hier öffnet sich dem Menschen, der*

[269] Lucille Eddinger, Elined Prys Kotschnig. A Profile, INWARD LIGHT, XLVI/100 Spring 1984.
[270] Brief vom 30.6.1956 an Elined Kotschnig (JUNG, Briefe III 38-43, zit. in SCHWEIZER, Gottesbild 10f).
[271] Jung war immer der „Ansicht, dass das heutige Christentum nicht die letzte Wahrheit darstellt, weshalb er eine grundlegende Weiterentwicklung desselben für unabdingbar hielt". (13)
[272] „Wir (sollten) nicht zögern, von einem *neuen* Gottesbild zu sprechen, wobei dieses nicht der Sache nach, wohl aber in der Form, in der es sich im heutigen Menschen verwirklicht, neu ist." (SCHWEIZER, Gottesbild 10)
[273] Im Brief an Elined Kotschnig aaO 42 spricht Jung davon, dass wenn „unser Bewusstsein sich in den Bereich des Unbewussten auszudehnen beginnt", wir „Sphären eines bisher noch nicht gewandelten Gottes berühren".

behutsam und doch mutig dazu bereit ist, die Aufgabe der Individuation, welche dahin führt, dass der Mensch schliesslich „nicht nur ... wahrhaft menschlich geworden ist, sondern dass er auch teilweise göttlich[274] *werden soll.“* (13f)[275]

Diese Wandlung im Gottesbild kann sich nicht gleichsam pauschal im Zeitgeist selbst vollziehen, sondern hat im Bewusstsein jener Einzelner anzufangen, die „einzusehen beginnen, dass es Inhalte gibt, die der Ichpersönlichkeit mindestens nicht zugehören, sondern einem psychischen Non-Ego zuzuschreiben sind“.[276] (30) Solche Inhalte sind verborgen, unbekannt, fremd. In ihnen nähern wir uns jenem verborgenen Gott, der bereits in I Kor 13,12 („wir sehen Gott noch nicht von Angesicht zu Angesicht“) und bei Augustin im sermo 117,3.5 („wenn du verstehst, ist es nicht Gott“) anklingt. (ebd) Der lebendige göttliche Geist erscheint aus dem Unbewussten oft in der archetypischen Gestalt des unbekannten Besuchers, (15)[277] in unserem Fall der „Münstervision“ in einem Bild Gottes direkt.

[274] Jung denkt bei diesem für die Mystik und die Alchemie charakteristischen kühnen Gedanken der Einwohnung göttlichen Lichts in den spirituellen Menschen sehr genau. Wenn der Alchemist Gerardus Dorneus meint, dass „wir ihm (sc. Gott) wahrlich ähnlich gemacht (sind), dass er uns einen Funken seines Lichtes gegeben hat“ (C.G. Jung GW 14, 1 § 44, zit. in SCHWEIZER, Gottesbild 86), so präzisiert Jung die Einwohnung Gottes im empfangsbereiten Menschen, dass die Wahrheit „also *nicht in uns, sondern im Abbild Gottes (in imagine Dei),* das in uns ist, zu suchen (ist).“ (aaO) – Ich zitiere C.G. Jung, GW im Anhang (wie SCHWEIZER) lediglich nur noch mit den §§.

[275] Schweizer zitiert JUNG, Briefe III 42. Jung fährt dort fort: „Das heisst praktisch, dass er (sc. der Mensch) erwachsen wird, verantwortlich für seine Existenz, wissend, dass nicht nur er von Gott abhängt, sondern *dass Gott auch vom Menschen abhängt.“* (aaO 14; Hervorhebung AS). Siehe auch SCHWEIZER, Gottesbild 9, wo dieser als grosses Verdienst von C.G. Jung und Marie-Louise von Franz deren Erkenntnis erwähnt, dass seit dem ausgehenden Mittelalter „der gewöhnliche Mensch ... zum Ort der Gottesgeburt geworden ist ... In ihm gebiert sich Gott als Ganzheit in seinem lichten und dunklen Aspekt von neuem.“ – Dorneus (16. Jhdt.) spricht vom dem Adepten eingepflanzten Lichtfunken dessen, „der in unnahbarem Lichte wohnt“, „dem wir wahrlich ähnlich gemacht (sind)“. (SCHWEIZER, Gottesbild 86)

[276] C.G. Jung GW 12 § 563, zitiert in SCHWEIZER, Gottesbild 30.

[277] In Anlehnung an M.-L. von Franz, Der unbekannte Besucher in Märchen und Träumen, in: Archetypische Dimensionen der Seele, Einsiedeln 1994, 73. Vgl. auch SCHWEIZER, Gottesbild 77: „Individuation ist nicht möglich ohne die Erfahrung von Befremdlichem.“

Damit erscheint Gott nun aber als „Deus absconditus" (lat. „absconditus" = „verborgen", „verhüllt", „verheimlicht", „geheim").[278] Zunächst ist dabei der unbekannte, bloss zeitweilig abwesende Gott gemeint, der niemals „die Grundfesten der Welt zu erschüttern vermag, wie dies beim Deus absconditus der Fall ist". (42f)[279] Während zunächst der „Bauplan der Welt" trotz vorübergehendem gelegentlichem Schweigen Jahwes in der älteren Weisheit Israels in Gottes Schöpfungswerken noch erkennbar ist (54), *meint der Deus absconditus* – im Fall des späteren Judentums (v.a. Hiob) – *die wirklich unheimliche und dämonische Seite Jahwes*. (43)[280]

Andreas Schweizer spürt in seinem Buch nun dieser „Urerfahrung" in der jüdisch-christlichen Bewusstseinsentwicklung nach, wie sie sich C.G. Jung 1951 in voller Klarheit aufgedrängt hat, als er inmitten einer fieberhaften Erkrankung in ungewöhnlich kurzer Zeit seine „Antwort auf Hiob" (erschienen 1952) niederschrieb, und sieht diese „immer mit der Erfahrung eines zu liebenden und zu fürchtenden Gottes verbunden, den ich [so Schweizer] … unter dem Begriff des *Deus absconditus*, des schwer zu fassenden Gottes, subsumiere". (14)

Wir gehen in Anlehnung an Schweizer im Folgenden dem Deus absconditus in der abendländischen Religions- und Geistesgeschichte nach und sehen dabei, in welch grossem Zusammenhang die Vision Carl Jungs vom allmächtigen, seinen Willen kundtuenden, aber in peinlichster und „gemeinster" Weise das geliebte Münster zerstörenden Gott steht.

---

[278] STOWASSER 30.

[279] Dafür stehen im AT individuelle Klagelieder wie Psalm 22 (vgl. Jer 15,18; Ps 10,1; Ps 89,47), „welche kein Spezifikum des jahwistischen Gottesbildes (sind)." (SCHWEIZER, Gottesbild 44) Vgl. z.B. das der babylonischen Göttin Ischtar gewidmete Gebet aus A. Falkenstein/W. von Soden, Sumerische und akkadische Hymnen und Gebete, Zürich 1953, 328-333 (aaO 45). Auch die ältere Weisheit Israels gehört in diese Kategorie des Schweigens des Menschen, bes. Spr 10-29. (SCHWEIZER, Gottesbild 51-54)

[280] Hier gilt, dass „psychologisch gesehen der Deus absconditus ein im kollektiven Unbewussten wirkender Faktor von höchster Numinosität und grösstmöglicher Autonomie (ist)". (SCHWEIZER, Gottesbild 38)

Die Erfahrung Jahwes im Alten Testament

Die Etymologie des Wortes „Jahwe“ für den Gott Israels muss zwar letztlich im Dunkeln bleiben.[281] Versuche, sie aufzuhellen, sind in der atl. Wissenschaft aber immer wieder gemacht worden,[282] wobei sich zum eigentlichen Verständnis Jahwes die theologisch begründete, auf dem Verb fussende innerbiblische Selbstaussage Jahwes von Ex 3,14 noch am ehesten durchgesetzt hat: אֶהְיֶה אֲשֶׁר אֶהְיֶה „Ich bin, der ich bin.“ Damit erweist sich Jahwe Mose gegenüber allerdings in einer bewussten Ambivalenz. Er gibt auf die Rückfrage des Mose seinen Namen preis,[283] der Name bleibt aber in sich ein Geheimnis. Jedenfalls „(schwingt) in der Redefigur (Ex 3,14) die souveräne Freiheit Jahwes mit, der sich gerade da, wo er sich in seinem Namen enthüllt, doch nicht … greifen lässt und dem Menschen zuhanden ist“.[284] Bereits dieser exegetische Befund ist für unsere Frage nach dem Deus absconditus aufschlussreich.[285]

Wie ein Wettergott offenbart sich Jahwe seinem Volk am Sinai. „… Rauch steigt auf aus seiner Nase, aus seinem Mund entweicht ein verzehrendes Feuer und glühende Kohlen sprühen aus ihm.“[286] Nicht einmal Mose darf ihn von Angesicht zu Angesicht schauen (Ex 33,20), und auch der Gott der älteren Schriftpropheten Jesaja, Amos, Hosea und Jeremia des 8. und 7. Jahrhunderts v. Chr. in

---

[281] Ernst Jenni, Art. JAHWE in: THAT I 701-707.702.

[282] Kurzform „Jah“ als Ruf ekstatischer Erregung sei zum Gottesnamen geworden (Driver); ein zweisilbiges „Jahu“ klinge an eine „onomapoetische Nachahmung des Donners“ an (Eerdmans); die Ableitung von הוה arab. „wehen“ rsp. „fallen“ deute auf einen Gott des Sturms rsp. des Blitzes und Hagels; oder הוה = היה bedeute „er erweist sich als wirksam“. (Walther Zimmerli, Grundriss der alttestamentlichen Theologie, 2. Aufl. Berlin/Köln/Mainz 1975 [Theologische Wissenschaft 3], S. 14)

[283] Gerhard von Rad, Theologie des AT I 6. Aufl., München 1960, 195 betont, dass „nach antiker Vorstellung der Name nicht Schall und Rauch (war), sondern zwischen ihm und dem Träger eine enge wesensmässige Bezogenheit (bestand)“.

[284] Walther Zimmerli aaO 14 mit Vorsicht; so auch Ernst Jenni aaO 702 und Gerhard von Rad aaO 194: „Der paronomastische Relativsatz (…) fügt dem Vordersatz zweifellos ein Moment des Unbestimmten und doch wohl auch Geheimnisvollen hinzu …; es ist Jahwes Freiheit, die sich nicht im einzelnen festlegt. Ohne Frage muss jeder Leser diese Aussage als sehr geballt und gewichtig empfinden, und doch soll man ihre Grundsätzlichkeit nicht überschätzen.“ (194)

[285] Auf diesen Aspekt der ursprünglichen Bedeutung des Wortes „Jahwe“ geht Schweizer etymologisch nicht explizit ein.

[286] SCHWEIZER, Gottesbild 58 nach Ex 18,8f.

Israel „hat dämonische Züge", welche sich im Hiobbuch mit dem üblen Satanspakt in ihrer Gewaltsamkeit noch einmal in kaum zu überbietender Weise steigern werden. (59)

Auch im Bilderverbot (Ex 19,4), mit welchem der am Sinai offenbarte Dekalog beginnt, drückt sich die Unnahbarkeit Gottes aus, welcher sich jede Projektion verbittet, um in der unbewussten Psyche gänzlich verborgen zu bleiben, bis er sich selbst enthüllt, was er am Sinai in einem erschreckenden, aber auch faszinierenden Geschehen tut (62). *Wo das Dämonische in Gott so stark betont wird, ist ein unzugänglicher Aspekt des Selbst berührt, von dem eine tödliche Bedrohung wie eine inspirierende und belebende Wirkung ausgehen kann, wobei in der Begegnung mit der autonomen Macht der Psyche zunächst nur das Erleben selbst zählt.* (62f)[287]

Im Gottesbild der älteren atl. Propheten, wonach Gott offenbar absichtlich und bewusst Unheil über das Volk bringt, kündigt sich ein grundsätzlicher Wandel an. (65) War es früher möglich, dass die polytheistische Ausrichtung des religiösen Denkens[288] Unheil und Heil auf eine Vielzahl von Göttern verteilen konnte, so erscheint nun im einen Gott Jahwe eine kaum zu überbietende Widersprüchlichkeit, die die Spannung in Gott gleichsam bersten lässt: „Gleich einem Gewitter bricht das Neue ins Bewusstsein der damaligen Zeit ein, und die Propheten (sind) genötigt, die von ihnen geschauten Bilder in Worte zu fassen ..." (66) Die Propheten sehen hinter den Katastrophen von 722 und 586 den Plan eines verborgenen Gottes und erkennen dessen Wirken „auch dort, wo er Leiden schafft". (68)

---

[287] Wer dieses „religiöse Urerlebnis", das zerstört oder heilt – wie es auch die Alchemisten suchen (Dorneus) – geheilt übersteht, „(weiss) von nun an um das himmlische Jerusalem, das sich im Innern der Seele befindet". (64)

[288] Neue archäologische Funde zeigen, dass Israel im 8. Jahrhundert noch ganz polytheistisch war. (SCHWEIZER, Gottesbild 70)

Im Gericht Gottes über seinem Volk, in welchem sich dieses nicht mehr aus eigener Kraft erheben kann, „bedarf es des von Gott gesandten Erlösers". (67) Jesaja sieht den von der jungen Frau geborenen Sohn Immanuel („Gott mit uns", Jes 7,14) (67), Ezechiel erkennt, „dass eine echte Erneuerung nicht am verborgenen, zürnenden Gott vorbeiführen kann" (68), erlebt in einer gewaltigen Vision den zum Wächter über das Haus Israel bestellten „Menschensohn" (Ez 3,17 und 33,7f), und in Dan 7 erscheint Gott gar als Hochbetagter, der – umgeben von lodernden Flammen und brennendem Feuer – gleich einem alternden König auf den „Menschensohn" wartet (7,13), in welchem „die Erneuerung Gestalt annimmt". (69)

Die älteren atl. Propheten haben Hiobs Begegnung mit dem Deus absconditus unbewusst vorausgenommen. Die „gegensätzliche Natur Jahwes als ***innere*** Antinomie der Gottheit selbst" konnten sie wohl noch nicht erkennen, aber sie wurden vom Schrecken Gottes heimgesucht. Ein Jesaja zum Beispiel erlag der Versuchung nicht, der (noch unbewusst erfahrenen) Paradoxie Jahwes auszuweichen. (69) Noch wenig integriert erscheint Hosea, der in seiner Umkehrpredigt an Israel das Volk in starken Worten und Bildern auf seine Schuld Jahwe gegenüber anspricht (1,2; 6,6 vgl. 4,1; 14,1) und damit „die Verantwortlichkeit für das Böse dem Menschen allein aufbürdet". (71) Er unterlässt es, die Spannung von Gottesgebot und Schuld in Jahwes Inneres zu verlegen, womit der Mensch mit einer Schuld belastet wird, „die er eigentlich gar nicht einlösen kann". (ebd)

Anders Deuterojesaja (Jes 40-55). In ihm bricht der Monotheismus und mit ihm die Antinomie in Jahwe erst richtig durch (Jes 43,10f; Jes 45f) (74), und es kann nicht verwundern, dass „in der Sprache des Propheten eine religiöse Urerfahrung spürbar (ist), … eine unmittelbare, numinose Erschütterung". (75) Archetypische Bilder aus dem kollektiven Unbewussten überschwemmen das Bewusstsein des Propheten, erneuern sein Gottesbild und treffen auf den Deus absconditus. (76) Dem nachexilischen Propheten und seinem Volk ist an einem Wendepunkt der Geschichte bewusst geworden, dass die Paradoxie Jahwes unausweichlich geworden ist. (94f)

Beachten wir auch das Buch Hiob, dann kann mit C.G. Jung mit Fug und Recht gesagt werden, dass diese Dichtung bereits ein widerspruchsvolles Bild Jahwes vorgefunden hat, nämlich das Bild eines Gottes, der in seiner Güte und Grausamkeit mit seiner Schöpferkraft und seinem Zerstörungswillen masslos war, an dieser seiner Masslosigkeit auch litt und darum bei ihm kein reflektierendes Bewusstsein vorausgesetzt werden kann, bis er sich in seiner Inkarnation seiner selbst zunehmend bewusst wird, schliesslich in der Inkarnation im einzelnen Menschen, wenn sich dieser der Doppelnatur Gottes, der *complexio oppositorum* in Gott, stellt und im Prozess fortschreitender Bewusstwerdung Individuation erfährt, nicht nur für sich selbst, sondern zu Gunsten einer von Katastrophen bedrohten, erlösungsbedürftigen Welt.[289]

---

289 Von der Alchemie her kommend fragte sich Jung mit seinem Buch „Antwort auf Hiob", was für ein Gottesbild die alten Philosophen hatten. „Oder vielmehr, wie sollten die Symbole, die ihr Gottesbild ergänzten, verstanden werden? Alles wies auf eine complexio oppositorum hin und rief die Erinnerung an Hiobs Geschichte wieder in mir wach: Hiob, der Hilfe von Gott gegen Gott erwartet." (GW 11, S. 506 [aus Nachwort S. 505f] = Brief C.G. Jungs an *Pastoral Psychology* VI, 60 vom Januar 1956)

Die mystische Urerfahrung des Paulus

Erfreulicherweise ist Paulus dem jüdischen Erbe des Deus absconditus treu geblieben. (101) Als jüdisch-hellenistischer Schriftgelehrter hatte er ein uns von Lukas in der Apostelgeschichte überliefertes spirituelles Urerlebnis, in welchem er von einem Licht vom Himmel angestrahlt wurde[290](87), wie Ezechiel (1,28) zu Boden fiel und in der Folge „keine Strapazen und Gefahren gescheut (hat), um seine Erfahrung an die Mitmenschen weiterzugeben". (84)[291] Es handelt sich hier um einen „autochthonen Einbruch des Unbewussten", der nachhaltig bewusstseinsverändernd wirkt. (ebd)

Mag eine solche religiöse Urerfahrung von der offiziellen Kirche immer wieder heruntergespielt worden sein, (85) so gab es doch abseits der Grosskirche stets wieder Menschen, die in dieser Weise die Vereinigung mit Gott suchten (Alchemisten, Mystiker u.a.). (86) Nicht der Mensch selbst wird dabei verändert, sondern dessen Bewusstsein. (84) Paulus weiss um die Gefährlichkeit solcher Erfahrungen (89) und spricht darüber nur am Rand, was deren Echtheit unterstreicht. (84) Während andere jüdische Apokalyptiker, deren Bewusstsein ebenfalls mit archetypischen Inhalten überflutet wurde, inflatorische Tendenzen zeigten,[292] „ist die Sprache des Apostels in ihrer Kargheit ein deutliches Zeichen für dessen innere Stärke und Ichfestigkeit ..." (89f)

Ein der platonischen Lehre von Gott als dem „Allervollkommenste(n)" verpflichtetes Judentum (Philo, zit. 83) und das gleicherweise im Gefolge des Platonismus stehende Christentum haben „die anstössige Paradoxie Gottes" wieder abzuschwächen versucht. Die im ägyptischen Alexandria im 3. Jhdt. v. Chr. ent-

[290] Act 22,6; vgl. I Kor 4,6.

[291] Diese Erfahrung stellt ihn in eine Reihe mit den atl. Propheten, andererseits mit späteren spirituell ebenso Überwältigten wie Augustin, Luther, Teresa und Jakob Böhme. (ebd)

[292] In der Henochapokalypse (Kap. 6-11) tangierte die Inflation die Würde der Frau, weil u.a. durch deren sexuelle Begierde „das Böse in die Welt gekommen" sei (SCHWEIZER, Gottesbild 91). Die im Vergleich zu Gen 6 (einer wohltuend knappen Variante des Stoffs) ausufernde Erzählung redet von 200 Engeln, die von hübschen Menschenfrauen aus dem Himmel gelockt und zur Zeugung von Riesen verführt werden, was zu einem fürchterlichen Debakel zwischen Engeln, Riesen und Menschen führt. (aaO 90)

standene Übersetzung des ganzen hebräischen Alten Testaments ins Griechische (Septuaginta, LXX) ändert zum Beispiel die überaus dynamische Gottesoffenbarung von Ex 3,14 hebr. אֶהְיֶה אֲשֶׁר אֶהְיֶה („ich bin, der ich mich [je neu] erweisen werde") ins hellenisierende, ganz und gar statische „ich bin der *Seiende*".[293]

Schweizer zeigt unter Bezugnahme auf die Arbeiten des grossen klassischen Philologen und Religionshistorikers Eduard Norden (1868-1941)[294] u.E. mit Recht, dass Paulus nicht vom Rationalismus des hellenistischen Geistes, sondern vom Hintergrund der jüdisch-mystischen Strömungen her zu verstehen ist (83-85.88), was in der Literatur über den Völkerapostel kaum mehr beachtet wird (88). Ziel des Hellenen war nach Norden „intellektuelles Begreifen auf verstandesmässigem Wege, das mystisch-ekstatische Element ist wenigstens im Prinzip ausgeschaltet".[295] Beim Orientalen aber „(lässt) ein in der Tiefe der Seele schlummerndes und durch ein religiöses Bedürfnis erwecktes Gefühlsleben ihn zu einer Einigung mit Gott gelangen ... *So tritt ... erleuchtetes Schauen an die Stelle von Wissen und Begreifen, ein tiefinnerliches Erlebnis an die Stelle der Reflexion ...*" (Hervorhebung AFZ)

Eine Berufungsvision wie jene des Paulus (Gal 1,11-24; Act 9,1-25; 22,3-21; 26, 9-20) bildet in der Regel kein einmaliges, punktuelles Ereignis im Leben eines Betroffenen.[296] Die Erneuerung seines Glaubens, das neu gewonnene Bewusstsein nahm Paulus auf seinen Weg als Apostel mit. Es bedurfte schon einer für ihn besonders kritischen Situation, als ihm von persönlichen Gegnern in Korinth die Legitimation als Apostel durch eben diese seine Berufungsvision strittig gemacht wurde[297] und er im Rahmen des in II Kor 2,4 und 7,8 erwähnten

---

[293] SCHWEIZER, Gottesbild 82.
[294] SCHWEIZER, Gottesbild 261, Anm. 91. Zu Norden s. Jörg Rüpke Art. Norden, Eduard, in: RGG 4. Aufl. Bd. 6, 384.
[295] Agnostos theos, Leipzig-Berlin 1913, S. 97.
[296] So erlangte die Münstervision des elfjährigen Carl Jung für Leben und Wirken des weltberühmten C.G. Jung bis hin zu dessen Alterswerken „Antwort auf Hiob" und ETG auch eine überaus bedeutsame Wirkung.
[297] Nach Jürgen Roloff, Apostolat – Verkündigung – Kirche. Ursprung, Inhalt und Funktion des kirchlichen Apostelamts nach Paulus, Lukas und den Pastoralbriefen, Gütersloh 1965, 75-82 fehlt Paulus nach seinen Gegnern eine doppelte Legitimation: die historische Rückbindung an die Urgemeinde in Jerusalem (77-79) und die Vollmacht als Pneumatiker, der sich nicht

„Schmerzensbriefes", der II Kor 10-12 zugrundeliegt,[298] sich entlocken liess, den Lesern seiner Korrespondenz mit der Gemeinde in Korinth einen überraschend tiefen Einblick in sein ekstatisch-visionäres Erleben zu gewähren.

Paulus lässt in II Kor 12,2-4 durchblicken, dass er selbst eine innere Himmelsreise erlebte.[299] Vor 14 Jahren – ob im Leib oder nicht, wisse nur Gott – sei er bis in den dritten Himmel, ins Paradies, entrückt worden und habe dort unsagbare Worte gehört, die kein Mensch hören dürfe. Und als ein ganz besonderes Merkmal fortgeschrittener Individuation sei festgehalten, dass Paulus die kardinalen Spannungen des Lebens immer durchgehalten hat. Schon nur seine Sprache ist voller Paradoxien (94). Gleichsam als Abgesandter des Deus absconditus (93) begleitet den demütigen Charismatiker Paulus ein Engel Satans (II Kor 12, 7), der ihm ins Gesicht schlägt und ihm einen „Pfahl" ins Fleisch setzt, damit er seiner Schwachheit bewusst bleibe und dafür gesorgt sei, dass er sich wegen seiner ausserordentlichen Erfahrungen nicht überhebe. (93)

Indem Paulus die in seiner Umgebung geläufige Trennung zwischen den Erlösten und den Verdammten in den einzelnen Menschen selbst hineinverlegt (94), mutet er diesem – auch sich selbst – eine einschneidende Widersprüchlichkeit zu: „Einerseits fühlt er sich als von Gott berufenen und erleuchteten Apostel (sic!), andrerseits als sündigen Menschen, der den ‚Pfahl im Fleisch' und den ihn plagenden Satansengel nicht loszuwerden vermag." (95)[300] Damit hat er erkannt, dass sowohl das Gute wie auch das Böse „zur unauflösbaren Einheit des seelischen Lebens gehören". (ebd)

---

mit Schwachheiten herumschlagen muss (79-82). „... man wird die Eigenart der korinthischen Lügenapostel eben *gerade in dem Ineinander beider Legitimationsreihen* sehen müssen." (80)

[298] S. Günther Bornkamm, Paulus (Urban TB 119), Stuttgart 1969, 246-249 (Exkurs II: Literarkritische Probleme des I/II Kor, Phil und Röm).

[299] Hier „schimmert das im hellenistischen Judentum weit verbreitete Motiv der Himmelsreise durch". (SCHWEIZER, Gottesbild 88). Vgl. auch den Exkurs „Die Himmelsreise der Seele" in: Hans Lietzmann, An die Korinther I/II, 153.

[300] JUNG, GW 11 § 758; vgl. 14,1 § 200; zitiert in SCHWEIZER, Gottesbild 95.

Die Gottesgeburt im Menschen bei Marguerite Porete, Johannes Tauler und Teresa von Avila

Nachdem der christliche Seher Johannes,[301] dessen Schrift schon von Justin in der Mitte des 2. Jahrhunderts den Schriften (vermeintlich) des Zebedaiden (Joh und I-III Joh) beigefügt[302] und schon bei Origenes 253/254 unter den „unwidersprochen“ kanonischen ntl. Schriften an deren Schluss gestellt wurde,[303] in seiner Apokalypse einerseits ein Zorngericht unbeschreiblichen Ausmasses über der Erde geschaut hat, andererseits ihm in Apk 12 das Sonnenweib erschienen ist, das einen göttlichen Knaben gebiert, der (wie seine Mutter, die in die Wüste getrieben wird) gegen die Übermacht des Bösen nicht anzukommen vermag, ist der „furchtbare Doppelaspekt (Gottes)“[304] einmal mehr offenbar, dass die glühende Flut des apokalyptischen Feuersees (vgl. Apk 19,20;20,14) das Licht des Gnadenmeers überdeckt. (111)[305]

Die Erlösung ist also noch nicht abgeschlossen, die endgültige Menschwerdung Gottes steht noch aus; da Christus sündlos war, kann in ihm die eigentliche Inkarnation noch nicht geschehen sein. Es ist der europäischen Mystik seit den Beginen vorbehalten, dass sich der in Apk 12 angekündigte göttliche Sohn in ihrem Bewusstsein inkarniert und in ihnen „eine grosse Verwirrung (verursacht), welche ‚Furcht und Schrecken' auszulösen vermag und im Bilde der von Gott vernichteten Seele, von der Einsamkeit oder Höllenfahrt der Selbsterkenntnis erlebt und erfasst wird“. (111f) Der Beginenmystik ist der Gedanke geläufig, dass Gott die Seele „aus dem Sein Gottes im Menschen, aus der in der *unio mystica* erfah-

[301] S. David E. Aune, Art. Johannes-Apokalypse/Johannesoffenbarung. Exegetisch, in: RGG 4. Aufl. (2001) IV, 540-548.540f.
[302] Werner Georg Kümmel, Einleitung in das Neue Testament, 20. Aufl. 1980, 429.
[303] Werner Georg Kümmel aaO 437.
[304] In einer präzisen Formulierung SCHWEIZER, Gottesbild 110: *„Gott kann geliebt und muss gefürchtet werden.“*
[305] Schweizer zitiert JUNG, GW 11 § 732. (Antwort auf Hiob)

renen Vergöttlichung der Seele", unvermittelt und ohne menschliche Eigenleistung berührt. (127)

Meister Eckhart, die Alchemisten, Angelus Silesius, Jakob Böhme und andere haben die Gottesgeburt im Menschen geahnt, wobei die Inkarnation in Christus für sie Vorbild und Grundlage der erneuten Inkarnation Gottes bleibt. (112.131) Insbesondere Eckhart betont, dass die Inkarnation Gottes im gegenwärtigen Menschen zeitlos ist und sich im Einzelnen ewig wiederholt. (aaO) Sie kann sich in jedem – auch ganz gewöhnlichen – Menschen ereignen, was zur Folge hat, dass nun auch der Mensch „Gott" wird: *Wann alse wâr daz ist, daz got mensch worden ist, alsô wâr ist der mensch gott worden. (131)*

Gott gebiert in der Menschwerdung in Christus den Menschen als seinen eingeborenen Sohn. (131) Allerdings „inkarniert sich nicht nur (wie in Christo) die lichte Seite Jahwes, sondern … gebiert sich Gott als Ganzheit in seinem lichten und dunklen Aspekt von neuem". (115) Dabei meint Eckhart nicht mehr „Christus" als individuelle Person, welche sich als Gottmensch inkarniert; Christus bedeutet die „nie aufzulösende Vereinigung selbst, in der die menschliche Natur in die personale Einheit … Gottes für immer aufgenommen ist". (131)[306] In den von Andreas Schweizer aus Gründen der persönlichen Betroffenheit und beruflichen Relevanz ausgewählten Beispielen europäischer Mystik (Marguerite Porete, Johannes Tauler, Teresa von Avila)[307] finden sich derart viele Ähnlichkeiten und Übereinstimmungen in der Spiritualität, dass wir deren Erfahrungen nach Stichworten in *einem* Durchgang darstellen können.[308]

306 Schweizer zitiert Shizuteru Ueda, Die Gottesgeburt in der Seele und der Durchbruch zur Gottheit, Gütersloh 1965, 43f.

307 SCHWEIZER, Gottesbild 105-192.116; ich habe mich in einem Essay mit Quellen eines noch andern Vertreters europäischer Mystik auseinandergesetzt: AFZ, Die „dunkle Nacht" bei Juan de la Cruz, Worb, Oktober 2009 (unveröffentlicht). S. zu meiner Beurteilung Juans u. S. 127 Anm. 312.

308 Schweizer fasst ihre Bedeutung für die Geschichte des Deus absconditus in der jüdisch-christlichen Entwicklung des Bewusstseins wie folgt zusammen: „Jetzt … scheint der in der Apokalypse des Johannes angekündigte Sohn ins menschliche Bewusstsein hinabzusteigen." (111)

Bekehrungserfahrungen

Am Anfang des mystischen Weges steht auch für diese drei Beispiele mystischen Erlebens wie bei den Propheten des Alten und bei Paulus im Neuen Testament eine oft mit starken Emotionen verbundene Erfahrung einer Bekehrung. Bei **Johannes Tauler** erscheinen Spuren „einer derartige(n) autochthone(n) Urerfahrung“ zwar nur noch selten in den Texten, da es scheint, dass er sie seiner mystisch-christlichen Umgebung angepasst hat. (159) **Marguerite Porete** hingegen erscheint Christus wie dem Apostel Paulus vor Damaskus in einer blitzartigen Erscheinung, die in ihr einen tiefen Frieden hinterlässt. (127) Und **Teresa von Avila** sieht im Oratorium ihrer Klosterkirche den mit vielen Wunden übersäten Gekreuzigten, fällt in tiefe Bestürzung (vgl. 191), vergiesst Ströme von Tränen und bittet ihn, dass er sie „doch endlich einmal“ stärke, „damit ich ihn nicht mehr beleidige“. (179)[309]

Abgrundtiefe Schlechtigkeit

In ihrer letzten Rede zu ihren „Töchtern und Frauen“ des Ordens der unbeschuhten Karmeliterinnen[310] bezeichnete sich **Teresa** als die „grösste Sünderin der Welt“. (192) Sowohl sie wie **Marguerite Porete** (137) und **Johannes Tauler** sind sich der „abgrundtiefen Schlechtigkeit des Menschen“ immer bewusst (137). Tauler (wie auch Marguerite Porete und Meister Eckhart [190]) hat stets des Menschen „falsche Eigenliebe, die den Blick auf Gott verstellt, (im Sinn)“. (145) Man gewinnt bei ihm und den Frauen aber nie den Eindruck einer grundsätzlichen Verachtung des Menschen (137.145.185). Auch Teresa ermutigt ihre Schwestern vielmehr zur stillen Hingabe im Ruhegebet, als dass sie über die eigenen Sünden zu sehr nachdenken sollen. (177)

---

309 Zitat aus der Gesamtausgabe (Kösel), hg. von P. Aloysius Alkofer, Bd. 1: Das Leben der Heiligen Teresia von Jesu, 8. Aufl. 1994, S. 93. Sie wird später in der „Vergegenwärtigung der Menschheit Christi“ eine ihr gemässe Gebetsform finden. (aaO)

310 Gerhard Winkler, Art. Karmeliter, in: TRE 17 (1988), 658-662.661.

Trotzdem ist festzustellen, dass gerade eine **Marguerite Porete** „in ihrem ausgeprägten Sündenbewusstsein und in der darin gründenden Angst vor dem Fegefeuer" noch der Bilderwelt des Mittelalters verhaftet ist. (166) Gleiches gilt für **Teresa von Avila**. Sie lebt in einer Umgebung, wo die Predigt vom Abtöten der Sinne, zum Beispiel in der Schwesternseelsorge[311] ihres Weggenossen Johannes vom Kreuz,[312] eine Hochblüte erlebt und „alles Natürliche in den Verdacht der Sünde (gerät)". (185) Teresa selbst befreit sich noch nicht von den zeitbedingten Vorurteilen gegen die Qualität der weiblichen Gefühle, die Bedeutung des Körpers und des Eros. (aaO) Noch heute spricht die Psychologie von einer verkehrten Grundhaltung des Menschen, versteht diese aber nicht mehr im Sinn des alten Dualismus als Sünde, sondern spricht vom „'neurotischen' Verhalten eines Menschen". (172)

---

[311] Ich denke, dass für Johannes vom Kreuz seine Gefangenschaft im Klosterkerker von Toledo, die einer schrecklichen Folter gleichkam, ein traumatisches Erlebnis war (s. mein Essay vom Okt. 2009: Die ‚dunkle Nacht' bei Juan de la Cruz, 5-6.8 und Günter Benker, Die ‚Dunkle Nacht' der Ganzwerdung: C.G. Jung und der Mystiker Johannes vom Kreuz 248f) und er diese Erfahrung in seiner rigorosen Pädagogik des Abtötens der Sinne und Regungen des Geistes den Schwestern des teresianischen Ordens gleichsam aufdrängte. Dabei bewegte er sich in starkem Mass in den Vorstellungen des Mittelalters. Teresa, deren Weggefährte er war, hat ihn in einer kleinen Schrift sogar ausdrücklich wegen seiner weltabgewandten Strenge getadelt. (SCHWEIZER, Gottesbild 182) Gewiss gehören Nacht- und Wüstenerfahrungen zum spirituellen Weg; aber Juan de la Cruz scheint mir diese zu sehr in eine rigorose Pädagogik der Kontemplation gepresst zu haben.

[312] Als ich mich im Zusammenhang mit dieser Ausbildung in christlicher Spiritualität in die mystischen Schriften Juans vertiefte und seine Gedankengänge immer penetranter fand, ich mich fragte, wo denn das Seelische (z.B. die Beachtung der Träume) bei ihm geblieben sei und mir die lieben Schwestern der unbeschuhten Karmeliterinnen ob einer solch makabren „Seelsorge" unter Juan immer mehr leid taten, hatte ich selbst zwei Träume. Im ersten war ich auf dem riesigen „Hörnli"-Friedhof in Basel, wo ich als Pfarrer eine Trauerfeier zu gestal-ten hatte, mich vorher aber noch in den inneren Räumen aufhielt. Dort sah ich mit Schrecken, dass Männer in weissen Kitteln in einem Nebenraum „meine" Leiche vor der Trauerfeier in zwei Teile zersägten! – Einige Tage später sah ich im Traum eine indische Frau im besten Alter wie eine lebensgrosse Babuschka auf einem grossen Bett liegen, farbenprächtig angezogen und umgeben von einem goldenen Glanz. Sie schlief da mit ein paar kleinen Kindern an ihrem Leib zu ihrer Rechten, auf ihrer linken Seite sass eine westlich frisierte und gekleidete Tochter der Frau im Alter von etwa 25 – 30 Jahren. Über der Szene lag ein überaus schöner, feierlicher und doch seltsamer Friede, auch wenn mich das Ganze fremd anmutete. Die Gegensätze schienen vereinigt! Ich war auf zarte Weise tief beeindruckt, im Gegensatz zur rigorosen, völlig dualistischen Atmosphäre in den Schriften des Juan, wie sie sich in der brachialen Gewalt im Traum auf dem „Hörnli" widerspiegelte.

Die Erfahrung der „dunklen Nacht“

Beeindruckend finde ich, wie alle unsere drei Beispiele in ihrer Spiritualität von Nacht- und Wüstenerfahrungen ausgehen. **Marguerite Porete** und **Teresa von Avila** erleben die Nacht auch äusserlich. Deren Schrifttum wird von der kirchlichen Zensur beargwöhnt (186), im Fall Poretes sogar öffentlich verbrannt. (119) Auch Teresa wird mit der Inquisition gedroht (186), und Marguerite Porete wird am 1. Juni 1310 vor einer riesigen Menschenmenge in Paris als Ketzerin verbrannt (173.119).[313] Teresas Visionen werden zunächst der Verrücktheit bezichtigt und als des Teufels beurteilt. (171)

Johannes vom Kreuz beschreibt in seiner Schrift „Die dunkle Nacht“ die Leiden in der Kontemplation klassisch als ***Nacht der Seele und des Geistes.***[314] Auch wenn seine systematische Kontemplationspraxis noch stark im Mittelalter verhaftet ist und uns heute zu rigoros, körper- und seelenfeindlich, dualistisch scheinen mag,[315] so spricht er hier doch ein Phänomen an, das den Mystikern aller Zeiten eigen ist. **Johannes Tauler** beschreibt den Sturz der Seele in den göttlichen Abgrund als tiefschwarze Dunkelheit, die – anders als bei Johannes vom Kreuz – allerdings „trotz aller ihn begleitender Finsternis ein ‚liebliches Versinken’ (ist)“. (153)[316] Und **Teresa von Avila** war „die Gottesfinsternis, wie sie rückblickend feststellt, ebenfalls nicht fremd …“ (167)

Nach **Marguerite Poretes** Liebesmystik wird die Seele auf dem Weg über sieben Stufen, die sie indessen nicht systematisch entfaltet (133), gequält und „ge-

[313] Johannes Tauler fährt auf angepassteren Geleisen und erregt offenbar nicht Widerstand wie die beiden Mystikerinnen. Nach einer offenbar sehr fruchtbaren Tätigkeit als Prediger und einer ungewöhnlich erfolgreichen Wirkungsgeschichte – gerade auch bei Luther und im Luthertum – verbietet der Jesuitengeneral Eberhard Mercuriam (1514-1580) die Lektüre von Taulers Schriften im Orden und werden diese im 16. Jahrhundert in Rom auch auf den Index gesetzt. (Volker Leppin, Art. Tauler, Johannes, in: TRE 32 [2001], 745-748.747)

[314] Ulrich Dobhan/Elisabeth Hense/Elisabeth Peeters (Hg.), Johannes vom Kreuz, Die dunkle Nacht, Ges. Werke Bd. 1, 4. Aufl. Freiburg i.B. 1999; s. A.F. Zimmermann, Die „dunkle Nacht“, 2-10.

[315] S. o. Anm. 312.

[316] Tauler nimmt im Sinn des Aeropagitus in der *vinsterniss der gottlichen wuestunge* als *edele vinsterniss* die mystische Tradition vom übernatürlichen Dunkel auf, das „eine Finsternis nicht aus Mangel an Lichthaftigkeit, sondern durch Überfülle des Lichts (ist)“. (Louise Gnädinger, Johannes Tauler, Lebenswelt und mystische Lehre, München 1993, 395; zitiert in SCHWEIZER, Gottesbild 160)

mahlen, indem man sein Selbst zerquetscht und zerbricht". (134)[317] Und hinter dem Martyrium der Seele wartet „auf der fünften Stufe, auf welcher die Seele in das göttliche Leben eingeformt wird" sogar auch „der Tod des Geistes". (134)[318] Die vom Eros vernichtete und dadurch wahrhaft frei gewordene Seele aber „glüht im Schmelzofen des Liebesfeuers"[319] und wird dabei selbst zu Feuer. Da sich in diesem Feuer nicht mehr der Mensch und Gott gegenüberstehen, sondern sich in der Liebesglut Gott und Gott vereinigen (129), kann die beginische Mystikerin bekennen: „Also *bin* ich einzig und allein, was Gott in mir ist." (ebd)[320] Gott und Mensch werden zu einer „unauflösbaren Schicksalsgemeinschaft zusammen [geschmolzen]". (130)

Auch bei **Johannes Tauler**, dessen erste von drei Stufen auf dem Weg zur wahren Mystik überschwängliche „Freude" *(jubilacio),* z.B. an der Schöpfung, ist (141), gehören zur Geburt zum neuen Leben aus und in Gott auch die damit verbundenen Schmerzen (148). Die Berufenen werden zunächst wie im Fegefeuer „gesotten und gebraten und leiden so furchtbare Qualen, dass kein Herz das ergründen kann". (142) Tauler geht es in der zweiten Stufe der „Bedrängnis" *(getrenge)* dann ebenfalls um die „Arbeit der Nacht", die mit einer „Höllenfahrt" der Seele in den „unergründlichen Abgrund" beginnt (141) und von aller Ichhaftigkeit und falschen Subjektivität befreien soll. (145)[321] Lässt sich der Mensch in

---

317 Zitat aus Margareta Porete, Der Spiegel der einfachen Seelen. Wege der Frauenmystik, übertragen und mit einem Nachwort und Anmerkungen versehen von Louise Gnädinger, Zürich und München 1987, S. 118.171.

318 Zitat aus Margareta Porete aaO 73.

319 Johannes vom Kreuz wird auch hier die Linie beinahe ins Extrem ausziehen, wenn er in der entsetzlichen Nacht des Geistes, in der der Mensch „kaum weniger als im Fegefeuer" leidet (LIEBESFLAMME 66), die Läuterung des Menschen mit dem Bild beschreibt, dass ein „Brenneisen" in die „Liebeswunde" gedrückt werde. (NACHT 83-93)

320 Zitat aus Margareta Porete aaO 70.

321 Von Tauler sind ausser einem Brief nur Predigten erhalten; vgl. den Stil des folgenden Zitats: „Soll Göttliches in den Menschen hinein, so muss notwendigerweise das Geschöpfliche [der alte Adam] zuerst den Menschen verlassen. Alles Geschöpfliche muss heraus, es sei von welcher Art auch immer; es muss alles weg. So muss der Mensch sich fallen lassen, sich leeren und vorbereiten lassen … es lassen, es für nichts halten und in sein lauteres Nichts

den göttlichen Abgrund fallen, versinkt der geläuterte Geist (nun im positiven Sinn) „in göttliche Finsternis, in Stillschweigen und in ein unbegreifliches und unaussprechliches Einssein (mit Gott)". (153)[322]

Wie **Teresa von Avila** die Gottesfinsternis erlebte, beschreibt sie in ihrer Autobiographie: „Das ist ein so harter Kampf, dass ich nicht weiss, wie ich ihn … so viele Jahre aushalten konnte." (167)[323] Kurze, intensive Begegnungen mit dem Göttlichen verstärken die Qual der Sehnsucht nur noch, so dass die Seele von nirgendwo her Trost bekommt, sondern „gleichsam gekreuzigt zwischen Erde und Himmel (schwebt) und leidet ...". (170)[324] In der Liebesmystik im Spätwerk „Castilio Interior" („Die Seelenburg") zeigt sich Teresa als von heftiger Liebesglut ergriffen. Starke Sehnsuchtsgefühle „(entlocken) [ihr] zärtliche Worte". (188).[325] Der göttliche Bräutigam hat sie geliebt, ihr aber auch Todesnöte geschickt. (189)[326+327]

Unio mystica

Wenn sich **Marguerite Porete** seltenerweise auf ihre mystische Erfahrung beruft, spricht sie von der Entrückung der Seele oder von einer „hinreissende(n) Erhebung, die mich unversehens überkommt und mich ins Mark der göttlichen

---

sinken." (144) Zitat aus Georg Hofmann, Johannes Tauler, Predigten. 3. Aufl. Einsiedeln 1987, 25.71.

322 Nach der zweiten Stufe wartet auf den geistlichen Menschen in der dritten Stufe (*uberfart,* Eintauchen in den göttlichen Bereich, SCHWEIZER, Gottesbild 141) ein ortloser Raum, welcher in seiner kosmischen Weite „kein Hier" und „kein Dort" kennt. (158) „Darin ist Gottes Wohnung, viel eigentlicher als im Himmel oder in allen Geschöpfen. Wer da hineingehen könnte, der fände wahrlich Gott darin, und sich selbst fände er mit Gott vereint." (159; Zitat aus G. Hofmann aaO 28,197) Vgl. aaO 70,540: „Das ist die Finsternis der göttlichen Unbekanntheit (Verborgenheit), wo Gott über allem steht, was man von ihm aussagen kann, ohne Namen und Form, ohne Bild, jenseits aller Weisen und allen Seins."

323 Zitat aus I 86.

324 Zitat aus I ebd.

325 Zitat aus V 210.

326 Zitat aus V 240.

327 Vgl. auch das Zitat aus V 301: „Er ist es, der *Wunden schlägt und kein Heilmittel reicht,* der tötet und doch zum Leben erweckt."

Liebe versetzt, in das ich verschmelze". (ebd)[328] Unvermittelt und ohne jegliche Eigenleistung des Menschen berührt Gott die zubereitete Seele, lässt in ihr die „Geburt des ewigen göttlichen Wesens" geschehen. (127) Die Seele glüht im „Schmelzofen des Liebesfeuers", wird vom Eros des Geliebten vernichtet und wahrhaft frei. (129) „So entsteht eine ‚meisterhafte Verbindung mit dem höchsten Freund'." (127)[329]

Bemerkenswerterweise wird die mystische Vereinigung hier zum *mysterium conjunctionis*, in welchem die Seele „Tochter der Gottheit", „Braut der Liebe", „Schwester der Weisheit" o.ä. genannt wird, also Attribute der weiblichen Gottheit „Sophia" erhält und der Begriff der Liebe (psychologisch verstanden) als Selbst erscheint. „Dabei ist die der Seele eigene Polarität die unabdingbare Voraussetzung ihrer Lebendigkeit, welche sie mit Gott teilt." (131) Im Selbst als einer *conjunctio oppositorum* bzw. in der *unio mystica* zwischen der Liebe und der getöteten Seele kann nun eine Gegensatzvereinigung stattfinden. (ebd)

Johannes Tauler setzt die nach Erdulden der eigenen Finsternis gnadenhaft erfolgte „Verschmelzung" rsp. „Einigung" des spirituellen Menschen erst für die zweite Lebenshälfte (zwischen dem 40. und 50. Lebensjahr) an. Der Sturz in den göttlichen Abgrund wird insofern zu einem „lieblichen Versinken", als „der geläuterte, verklärte (Menschen-)Geist in göttlicher Finsternis in Stillschweigen und in ein unbegreifliches und unaussprechliches Einssein (mit Gott) versinkt". (153)[330]

Gott muss auf dem tiefsten Grund der menschlichen Seele, wo dessen Bild liegt, gesucht werden. (154) Die Einigungserfahrung erscheint bei Tauler etwas weniger konkret als bei Porete und Teresa. Er bleibt in der neuplatonischen Tradition

[328] Zitat aus Miroir 80,24.
[329] Zitat aus Miroir 115,164f.
[330] Zitat aus H 28,127.

vom „überlichthaften Dunkel“ des Pseudo-Dionysius Areopagitus und damit in mittelalterlichen Vorstellungen verhaftet, wenn er formuliert: „…werde eins mit dem Einen. Und er (sc. Proklos, Lehrer des ‚Areopagiten’) nennt das Eine die göttliche Finsternis, still, schweigend, schlafend, übersinnlich.“ (161)[331]

Teresa von Avila erlebte zunehmend Erleichterung von körperlichen und seelischen Schmerzen in Entrückungen und Visionen, welche ihre Gewissheit wachsen liessen, stets in Gottes Gegenwart zu sein. (167) Sie wurde plötzlich von der unmittelbaren Gegenwart Gottes durchdrungen und nannte diese Erfahrung „Gebet der Vereinigung“ oder „Mystische Theologie“. (182)[332] Die Seele vergisst, was war, „denn der kleine lästige Schmetterling des Gedächtnisses verbrennt sich hier die Flügel und kann nicht mehr unruhig umherflattern“. (ebd)[333]

In ihrem Spätwerk „Castillio Interior“ schildert Teresa den beschwerlichen mystischen Weg im Bild einer Burg, die aus sieben ringförmig um das Zentrum ange-legten Wohnungen besteht (187). In der innersten Wohnung geschehen „zwi-schen Gott und der Seele höchst geheime Dinge“. (ebd) Ein „wunderbarer Kampf“ (191) zwischen dem göttlichen Bräutigam und der Braut, welcher immer wieder von neuem beginnen muss, um in die innerste Wohnung zu gelangen, (187) „führt dazu, dass sich die beiden Feuer des göttlichen Bräutigams und seiner Soror mystica zu *einem Feuer* vereinigen“. (191)[334]

---

[331] Zitat aus H 29,201. Im Kontext des Proklos-Zitats lässt sich ein neuplatonisch anmutendes Streben nach Höherem, einer die Sinnenwelt transzendierenden geistigen Sphäre beobachten. (SCHWEIZER, Gottesbild 161)

[332] Zitat aus I 99; V 87.

[333] Zitat aus I 168f.

[334] Ein schönes Bild für die Vereinigung zweier ungleicher Partner ist auch jenes vom Bauernmädchen, welches mit einem König schläft und Kinder von königlichem Geblüt gebiert (SCHWEIZER, Gottesbild 191; Zitat Teresa V 268).

Gleichmut – Gelassenheit – Selbstvergessenheit

In jedem der dargestellten Beispiele von europäischer Mystik ist explizit davon die Rede, dass die Erfahrung des Schreckens der Nacht und der Einigung mit Gott zur Folge hat, dass der Mensch – zumindest zeitweise – gelassen, frei und innerlich befriedigt wird.

In der *unio mystica* gibt sich der „höchste Freund" nach **Marguerite Porete** ganz einfach und macht den Menschen einfach. (127) Und zur Einfachheit des in der Seele neu geborenen Menschen gehört nun auch der Gleichmut sowohl den Qualen als auch den paradiesischen Schönheiten des Lebens gegenüber. Die Seele weiss darin „ganz und gar nicht, was für sie das Beste sei…". (ebd) Sie hat „keinerlei Willen zu wollen und nicht zu wollen, einzig nur den Willen, Gottes Willen zu wollen und im Frieden die göttliche Verfügung anzunehmen". (ebd)[335] Die Vereinigung mit Gott macht auch die Werke der Tugend zwar nicht überflüssig, hinterlässt aber eine vollkommene Gelassenheit gegenüber dem Lohn, der bis anhin bei der Erfüllung der Tugenden erwartet wurde. (123)

Teresa von Avila nennt den Zustand der Gelassenheit, wie er die *unio mystica* begleitet, ein „Selbstvergessen der Seele". (183) Sie schreibt in ihrem späten Hauptwerk, die Seele sei in diesem Zustand „wach für Gott, für Dinge dieser Welt und für sich selbst ganz empfindungslos … Ein süsser Tod fürwahr! … ein Sichloslösen von aller Tätigkeit, … ein wonnevoller Tod." (ebd)[336] Es ist, als sei die Seele gar nicht mehr und wolle auch nichts sein, ausser wenn sie zur Verherrlichung Gottes etwas beitragen kann. Dann aber „würde sie herzlich gern ihr Leben hingeben". (ebd)[337] Wie bei östlichen Meistern[338] scheint auch bei ihr nicht einmal mehr die beglückende Erfahrung der Erleuchtung eine Bedeutung

---

335 Zitat aus Miroir 13,39f.

336 Zitat aus V 87.

337 Zitat aus V 214.

338 Vgl. die altchinesische Geschichte vom Ochs und seinem Hirten aus dem 12. Jahrhundert n. Chr. (SCHWEIZER, Gottesbild 184)

zu haben. (184)[339] So geht es auch im Gelübde ihrer „Schwestern der unbeschuhten Karmeliterinnen" nicht so sehr um ein äusseres Ledig-Sein denn um „Gelassenheit und Selbstvergessenheit der Seele, die in Gott ruht". (188)

Ebenfalls nicht in der Verfügung des Menschen steht für **Johannes Tauler** ganz allgemein „jegliche Gotteserfahrung". (149) In der zweiten Phase des mystischen Weges nach Tauler (*getrenge)* wird dem Menschen dann eine Gelassenheit geschenkt, die ihn trotz allem Leiden, das ihm der verborgene Gott zumutet, ganz unbekümmert werden lässt. (ebd) Er soll auf Gott hoffen, auch wenn dieser auf verborgene Weise wirkt und sich ihm mit Gleichmut ganz überlassen: „Gott Gott sein lassen, (denn) Gott kann sich mitteilen, wem er will, wann er will, wie er will, wie lange er will." (149)

Gott als Partner und Freund

Johannes Tauler kommt auch immer wieder auf das Thema des Durstes zurück und gibt diesem nach dem Erstarken des äusseren Menschen eine Wende, auf die nun alles ankommt: Gott selbst ist es nämlich, der nach dem Menschen dürstet, der nach seinem Geschöpf sehnlichst verlangt. (156) Er eilt dem Menschen offen entgegen, führt ihn zur *unio mystica* und „(empfängt) den menschlichen Abgrund in der Tiefe des göttlichen Abgrundes". (157) Im Unbewussten liegt eine starke Tendenz nach Bewusstheit. Psychologisch gesprochen wird die Seele durch ein archetypisches Bild des kollektiven Unbewussten berührt und ist imstande, starke Emotionen wie das mystische Liebesfeuer auszulösen. (ebd)

Noch ist die Antinomie des Gottesbildes, wie es bei Hiob hervortrat, Paulus ins Innere des Menschen verlegte und in der Johannesoffenbarung starke Bilder produzierte, „nicht voll ausgebrochen, aber sie kündet sich … an". (161) Sie wird in

[339] Vgl. auch Rö 9,3.

der Münstervision des Knaben Carl Jung eindrücklich dazu drängen, ins Bewusstsein zu gelangen.

Auch **Teresa von Avila**, die am Anfang ihres Weges vorwiegend von sich selbst erzählt, berichtet mit zunehmenden mystischen Erfahrungen fast nur noch vom Leben und Wirken Gottes in ihr. Damit verschiebt sich ihre Aufmerksamkeit von autobiographischen Stoffen zu Inhalten des kollektiven Unbewussten. „Dadurch tritt die Wirklichkeit der Seele insofern in ganz neuer Art ins Bewusstsein, als die archetypischen Faktoren der Psyche jetzt mehr und mehr als die eigentlichen Dominanten des Lebens erkannt werden können." (169) Ein schönes Beispiel scheint mir dafür zu sein, dass sie dem „Herrn" in einer Vision einmal ein Holzkreuz in die Hand gab und dieses als vier grosse Edelsteine zurückerhielt, welche weit kostbarer waren als Diamanten. (181) „Die Festigkeit des Steines symbolisiert den ewigen, göttlichen Wesenskern, der psychologisch dem Selbst entspricht ..." (aaO)

Indem Teresa in ihren Visionen den am Kreuz leidenden Christus unübertreffbar realistisch sieht, drückt sie nicht nur ein neues Christusbild aus. „Darin zeigt sich an der Schwelle vom Mittelalter zur Neuzeit der Wandel des religiösen Bewusstseins, in dessen Verlauf sich der reale, irdische Mensch trotz all seiner dunklen, unfertigen und unerlösten Seiten mehr und mehr als mitverantwortlicher *Partner Gottes* zu verstehen beginnt." (180) Der Mensch übernimmt damit eine schwere Verantwortung, der er in der Neuzeit wohl kaum schon gewachsen war. (180f)

Auch **Marguerite Porete** schmelzt – „neue Töne innerhalb der jüdisch-christlichen Tradition" (130) – den fernnahen (126) Gott und den befreiten (120) Menschen bei aller Paradoxie in Gott partnerschaftlich zusammen. (130) War die unauflösbare Schicksalsgemeinschaft im Bund zwischen Jahwe und seinem Volk noch ganz unbewusst, so kündigt sich in der Gottesgeburt im gewöhnlichen Menschen hier nun eine Wende an. (130) Marguerite erlebt die Vereinigung mit Gott als *mysterium conjunctionis,* wo das Männliche und Weibliche, der königliche Mensch und die „Allerkleinsten", die Güte Gottes und die Schlechtigkeit des Menschen zusammenfallen. (131f)

Das Gottesbild der drei beschriebenen Vertreter(innen) der europäischen Mystik **Marguerite Porete, Johannes Tauler** und **Teresa von Avila** entwickelt sich also in jener bei den Propheten, Hiob, Paulus und dem christlichen Apokalyptiker Johannes angefangenen bewusstseinsgeschichtlichen Tendenz kräftig weiter. Die Grenzen des Fassbaren werden berührt, „indem der Deus absconditus in seiner ganzen Widersprüchlichkeit [weiter] konstelliert wird." (vgl. 140) Auch in der u.a. aus der Münstervision das Knaben Carl Jung hervorgegangenen Jungschen Psychologie wird diese Linie weiter ausgezogen werden.

Der Deus absconditus bei Martin Luther

Ich habe die Erfahrung des Deus absconditus, wie sie sich dem Augustinermönch und späteren Reformator Martin Luther ab dem 17. Juli 1505, dem Datum seines Eintritts ins Kloster, in seinen inneren Kämpfen aus dem Unbewussten aufgedrängt hat, bereits angesprochen (s. o. S. 112f). Auch mir liegt Luther als Begründer der Reformation in unserer Thematik des „verborgenen Gottes" besonders nahe, so dass ich anhand der Arbeiten von Andreas Schweizer[340] nun auch auf Luthers neues Gottesbild noch genauer eingehen will.

Luther erlebte im Kloster wie kein anderer „die Gewalt des Deus absconditus". (SCHWEIZER, Gottesbild 192) 1518 stellte er rückblickend fest, er selbst habe es erfahren, dass „Gott furchtbar in seinem Zorn (erscheint) ... Da gibt's keine Flucht, keinen Trost ... Es bleibt nur nacktes Verlangen nach Hilfe und grauenhaftes Seufzen ... Da ist die Seele ausgespannt mit (dem gekreuzigten) Christus...". (193)[341] Und bei anderer Gelegenheit folgert er mit noch stärkeren Worten: „Wir können nicht gen Himmel kommen, wir müssen vorhin in die Hölle fahren." (SCHWEIZER, Luther 56)[342]

Gott begegnete ihm wie ein archaischer, gewalttätiger Wettergott[343] schon bei seinem Bekehrungserlebnis von der dunkelsten Seite, als ihn auf dem Weg von zu Hause an die Erfurter Universität ein heftiges Gewitter überraschte, ihn ein Blitz beinahe erschlagen hätte und er nur wenige Tage später in den Bettelorden der Augustiner eintrat. (ebd) Das Beispiel zeigt, „wie ... schöpferische Inhalte

---

340 Der erschreckende Gott. Tiefenpsychologische Wege zu einem ganzheitlichen Gottesbild, München 2000 (SCHWEIZER, Gottesbild) und „Fare hin mit deinem geist an galgen!" – Martin Luther und C.G. Jung, in: Erik Hornung/Andreas Schweizer, Der Mensch und sein Widersacher. Eranos 2001/2002, 2003, 43-77 (SCHWEIZER, Luther).

341 Schweizer zitiert WA 1, 557 bei Gerhard Ebeling, Luther. Einführung in sein Denken, Tübingen 4. Aufl. 1981,31f.

342 Schweizer zitiert WA 31, 1, 249/Gerhard Ebeling aaO 273.

343 S. o. S. 117.

des kollektiven Unbewussten plötzlich und mit grosser Wucht in das Leben eines Einzelnen einbrechen können". (ebd)[344]

So geriet der junge Luther als Mönch in tiefgreifende innere Konflikte. Das Gewissen sagte ihm, dass er vor dem strafenden Gott nicht bestehen könne. (58) Er hasste den „gerechten und die Sünder strafenden Gott", bis er die Gerechtigkeit Gottes zu verstehen begann. (ebd)[345] Damit war der „reformatorische Durchbruch" Luthers eingeleitet, von dem er später berichtet: „Da erbarmte sich Gott meiner ... Da fing ich an, die Gerechtigkeit Gottes als eine solche zu verstehen, durch welche der Gerechte als durch Gottes *Gabe* lebt, nämlich aus dem Glauben ... Da fühlte ich mich ganz und gar neu geboren, und durch offene Tore trat ich in das Paradies selbst ein." (58)[346]

Der Glaube an das Evangelium wird nicht bewirken, dass dessen Hörer, welche die Botschaft verstanden haben, keine Todesangst mehr hätten. (SCHWEIZER, Gottesbild 194) Das Gegenteil ist der Fall. Für den Christenmenschen gilt, was der Apostel Paulus u.a. in I Kor. 15,31 formulierte, dass er täglich mit Christus stirbt, also die Erfahrung der Todesangst nach wie vor kennt. (196) Während die mittelalterlichen Betrachtungen der *ars moriendi,* die damaligen Askeseübungen und Totentanzdarstellungen, über den Tod lediglich indirekt nachdenken, betont Luther, es gehe ihm um die Erfahrung und Macht des Todes selbst, „als gäbe es keine Hoffnung auf Leben". (ebd)

Tiefer als die vorreformatorische Auffassung der Sünde als blosses Tatvergehen, dem man mit moralisch gutem Verhalten an sich auch entgehen kann, fasst Luther die Verfallenheit des Menschen als *peccatum radicale* („radikale Sünde des Unglaubens", SCHWEIZER, Gottesbild 194). Die Verblendung des Menschen besteht darin, dass er sich sicher fühlt, nicht imstande ist, sich richtig einzuschätzen und meint, sich aus eigener Kraft erlösen zu können. Seine Ver-

[344] Zu Martin Luther aus der Sicht der archetypischen Psychologie gleich unter S. 95-97.
[345] Schweizer zitiert WA 1, 557, 33ff/Gerhard Ebeling aaO 32.
[346] Schweizer zitiert WA 54, 185f/Gerhard Ebeling aaO 33; siehe auch SCHWEIZER, Gottesbild 199.

suche, vollkommen zu sein, sind zum Scheitern verurteilt. Auch in der Gemeinschaft der Christen – Luther gründet keine Kirche als *ecclesia triumphans* (195), lehnt auch jede Form von Aufstiegsmystik ab (199) – bleibt Gottes Zorn gegenwärtig, lebt sie doch niemals in Sicherheit, sondern in schwersten Anfechtungen. (194f) *„Nur der, der Gott fürchtet, (versteht) ihn wirklich."* (195)

In dieser Einschätzung der Wirklichkeit gelangt Luther zu paradoxen Formulierungen, welche allein „die Fülle des Lebens annähernd zu fassen (vermögen)". (197)[347] Gegensätze wie Todesangst und Lebenshoffnung, Teufelswerk und Licht Christi prallen aufeinander. (195) „Diese entsprechen dem Wesen der Seele bzw. des Selbst als einer *complexio oppositorum,* in welcher sich alle erdenklichen Gegensätze miteinander vereinen." (197) Der Mensch ist *simul justus – simul peccator* („Gerechter und Sünder zugleich"). (201)[348] Und auch Gott selbst begreift Luther mit Nikolaus von Kues (Cusanus) – allerdings weniger philosophisch, sondern mehr auf den konkreten Alltag bezogen – als *complexio oppositorum.* (SCHWEIZER, Luther 60)

Gott kann sich denn für Luther sogar in der Gestalt des Bösen zeigen. Luthers paradoxes Denken lässt ihn Gott und den Teufel geradezu als austauschbare Realitäten erscheinen: „Gott kann nicht Gott sein, er muss zuvor ein Teufel werden ... Summa: der Teufel wird und ist kein Teufel, er sei denn zuvor Gott gewesen ... Ich muss dem Teufel ein Stündlein die Gottheit gönnen und unserm Gott die Teufelheit zuschreiben lassen ..." (aaO 61)[349] Luther nimmt die Gegebenheit des Teufels als einer psychologischen Realität, die nicht aus der Welt zu

[347] Zitat von C.G. Jung GW 12 § 18.

[348] Der Mensch lebt immer „in zwei verschiedenen Zeiten, er weiss um Gott und weiss doch nichts von ihm, er ist Gott nahe und ihm doch fern..." (SCHWEIZER, Gottesbild 201)

[349] Zitat WA 31,1,249f; Gerhard Ebeling aaO 273f. In dieser Linie liegt es, dass die judenchristliche Urkirche das paradoxe Wesen der Gottheit im Bild von Satan, dem Bruder Christi, ausgedrückt hat. (SCHWEIZER, Luther 60; ohne Quellenangabe)

schaffen ist, ernst. (SCHWEIZER, Gottesbild 195)[350] Umgekehrt ist Gott denn auch in der Hölle zu finden. (63) Die radikale Widersprüchlichkeit des Menschen ist also auch im Gottesbild zu finden. (61) Es ist denn auch folgerichtig, dass Gott auch überall dort, wo die Macht des Bösen besonders am Werk ist, erkannt werden kann. (ebd)[351]

Das unauflösbare Paradox ist dort am grössten, wo Luther dem *Deus absconditus* rsp. *absolutus* den *Deus prädicatus,* das Wort Gottes *(verbum Dei)* gegenüberstellt. (SCHWEIZER, Gottesbild 215f) Ist der verborgene Gott ganz und gar unerforschlich und unnahbar, so kommt Gott doch in seiner ganzen Ohnmacht in der Krippe des Sohnes und im Gekreuzigten zum Menschen und ist ihm damit nah, (216f) ohne dass es freilich je zu einer Vereinigung der beiden käme.[352] So sieht Luther Gott auch als den *Deus humanus,* dem nichts Menschliches fremd ist. (220.223) Dieser offenbart sich aber immer *sub contrario*, „unter dem Gegensatz dessen, was dem Menschen vernünftig und weise erscheint". (224)

Nur die scholastischen „ranzigen Philosophen" mit ihren Spekulationen (SCHWEIZER, Luther 62) und die Schwärmer, welche in ihrer einseitigen Innerlichkeit ohne Bezug auf das äussere Schriftwort (*verbum externum)* (SCHWEIZER, Gottesbild 198) mit ihren Erleuchtungen (*illuminationes)* (212) glauben, den *Deus ipse* (Gott selbst) erkennen zu können, meinen, wie „Gämsensteiger", die sich unweigerlich das Genick brechen werden, den Himmel erstürmen zu können, (SCHWEIZER, Luther 62) wo doch für jene, die auf die Schrift hören, Gott in einem unzugänglichen Licht wohnt (I Tim. 6,16). (SCHWEIZER, Luther 62)

[350] Vgl. C.G. Jung GW 11 § 253: „Das Böse ist eine wirksame, ja sogar bedrohliche Beschränkung des Guten, sodass nicht zu viel gesagt ist, wenn man annimmt, dass in dieser Welt nicht nur Tag und Nacht, sondern auch Gut und Böse sich mehr oder weniger die Waage halten ..."

[351] Vgl. auch Schweizer, GOTTESBILD 212 unter Bezugnahme aus Gerhard Ebeling, Existenz zwischen Gott und Gott, in: Wort und Glaube II, 1969, 231f.

[352] „Zwar müssen beide Seiten radikal voneinander unterschieden werden, dennoch gehören sie *untrennbar* zusammen." (SCHWEIZER, Gottesbild 216)

Die neue Sicht Gottes versetzt den Menschen ausserhalb der sich absolut setzenden Kirche in eine Einsamkeit kosmischen Ausmasses (202f). „... alle Höllengeister werden auf ihn losgelassen." (203) Es gibt dann nur den Weg vorwärts, in Anlehnung an Paulus und Meister Eckharts Gottesgeburt im Menschen, nämlich „dass Christus, der Gottmensch *in uns* lebt". (ebd) Seinem Vater schreibt Luther 1521 von der Wartburg aus, wohin er in Schutzhaft genommen wurde,[353] er sei niemandem anders als Christus untertan, der „Bischof, Abt, Priester, Herr, Vater und Lehrer" alles in einem sei. „Einen anderen kenne ich nicht mehr." (205)[354]

Der Mensch erfährt von aussen eine Instanz, welche seine Innerlichkeit ergänzt. Der Todesangst und Erfahrung der eigenen Nichtigkeit steht „eine ebenso mächtige Erfahrung der Befreiung vom Tode durch das *Wort Gottes* gegenüber" (197). Luther entdeckte als Korrektiv zur inneren Erfahrung dieses Gotteswort als *verbum externum.* (SCHWEIZER, Gottesbild 216) Auch seine Bezugnahme auf das Kreuz Christi ist gewiss als ein solches Moment ausserhalb des inneren Menschen zu verstehen (220). Und steckt schon hinter allem Schrecklichsten, allen Sinnlosigkeiten der Geschichte, an welchen der Mensch verzweifeln und scheitern kann, die völlige Abwesenheit Gottes, so „(muss der Mensch) [doch] gegen diesen *Deus absconditus* beim Deus revelatus (beim offenbaren Gott) Zuflucht suchen, vor Gott zu Gott fliehen ...". (212)[355]

---

353 Martin Brecht, Art. Luther, Martin, I, Leben, in: TRE 21 (1991) 313-530.513.

354 Schweizer zitiert Kurt Aland (Hrsg.), Luther Deutsch, Die Werke Martin Luthers in neuer Auswahl, 1957, Bd. 2, 327-329.329; im Originaltext (2. Aufl. 1981) heisst die Stelle: „Denn er (sc. Christus) ist mein unmittelbarer (wie sie es nennen) Bischof, Abt, Prior, Herr, Vater und Lehrer ..." (329)

355 Schweizer zitiert Gerhard Ebeling, Luther. Einführung in sein Denken, Tübingen 4. Aufl. 1981,14f.

Luther aus der Sicht der archetypischen Psychologie

Mit Luthers „Klosterkämpfen“[356] und seiner „reformatorischen Wende“[357] beginnt sich das mittelalterliche Gottesbild, das durch die (Tat)sünden des Menschen unter Himmel und Hölle bestimmt ist, aufzulösen. (SCHWEIZER, Gottesbild 199) Auch der metaphysische Überbau der Scholastik fällt in sich zusammen. (SCHWEIZER, Luther 66-68)[358] Die Paradoxie des Menschen aber bleibt bestehen, die Beziehung zwischen Gott und Mensch, Mensch und Gott verändert sich, indem sie beide unauflöslich aufeinander bezogen sind. (ebd) „Gott kann nicht Gott sein, es sei denn, er lasse sich auf die widersprüchliche Realität des Menschen ein, und der Mensch kann nicht Mensch sein, es sei denn, er lasse sich auf den letztlich unfassbaren Widerstreit *in Gott* ein.“ (SCHWEIZER, Gottesbild 199f)

Die Dunkelheit des Zornes Gottes ist offenbar notwendig, damit aus deren Dämmerung das zunehmend stärker werdende Licht des *Selbst* und damit die Quelle des schöpferischen Lebens erkannt werden kann. (202) Luther hat die Autonomie des Menschen erkannt, wie sie im 16. Jahrhundert aufgebrochen ist und hat sie in eine religiöse Erneuerung umgesetzt. (ebd)[359] Über den Humanismus und die Renaissance hinaus stellt er die individuelle Erfahrung in Kontrast zu den philosophischen und metaphysischen Autoritäten (Scholastik) und bricht mit der römischen Kirche. „In dieser Befreiung von kollektiven Normen überschreitet er das geistige Klima des Mittelalters, auch dasjenige der spätmittelalterlichen Mystik.“ (ebd)[360]

---

[356] Robert Stupperich aaO 41.

[357] Reinhard Schwarz, Art. Luther, Martin: in: RGG[4] V (2002), 558-587.559.

[358] „Als Luther den persönlichen Glauben von aller Metaphysik sonderte, da war die Metaphysik des Mittelalters durch das Bewusstsein des neuzeitlichen Menschen abgelöst … Statt auf metaphysische Aussagen zu vertrauen, stützt sich dieses auf die eigene Erfahrung.“ (aaO 66f)

[359] Luther „gab den entscheidenden Impuls für die Autonomie und Selbstbestimmung in der modernen Welt“. (SCHWEIZER, Luther 64)

[360] „Schöpferische Menschen stehen notwendig im Widerspruch zum kollektiven Zeitgeist, weil sie, verbunden mit dem unterirdischen, *verborgenen* Strom unbewusster, archetypischer Faktoren, an der Veränderung gerade dieses Zeitgeistes mitwirken.“ (SCHWEIZER, Gottesbild 207)

Es findet eine Schwerpunktverschiebung vom Ich zum Selbst statt. Jetzt mache „nicht [mehr] ich mir etwas bewusst, sondern es wird mir bewusst, nicht [mehr] ich habe einen guten Einfall, sondern ES fällt mir ein. Individuation und Erneuerung ist letzten Endes nicht Sache des Menschen, sondern Gottes, mehr ein Erleiden des göttlichen Willens, als eigenes Tun.“ (ebd)

Luthers Gottesbild ist überaus dynamisch. „... wo immer das Selbst als ein autonomer Faktor ins Leben eingreift, widerspricht dies der alten Bewusstseinseinstellung beziehungsweise dem kollektiven Zeitgeist.“ (220) Und indem in Luther ein archetypischer Inhalt zur Oberfläche drang und *verstanden wurde,* vermochte dies eine Veränderung des kollektiven Zeitgeistes zu bewirken. (SCHWEIZER, Luther 56)

Mit der Reformation dringt ein erstes Mal ein archaisches Gottesbild in breite Volksschichten, in welchem die Widersprüchlichkeit des modernen Menschen vorweggenommen ist. (SCHWEIZER, Luther 63) Zwar wird die archetypische Psychologie „aus der tiefen seelischen Not“ erst des 20. Jahrhunderts geboren. Doch sind deren Anfänge (sc. bei Luther) schon im 16. Jahrhundert zu suchen (68). „Luther und andere Reformatoren (haben zwar) versucht, die in der beginnenden Neuzeit ausgelösten Fluten durch Berufung auf Christus und die Heilige Schrift einzudämmen, aber spätestens im 20. Jahrhundert sind auch diese Dämme gebrochen.“ (68f)

Immerhin führt das reformatorische *opus Dei extra nos* im 20. Jahrhundert zur Entdeckung der objektiven Psyche, die dem Subjekt autonom gegenübersteht, und des Menschen Ich, das in vielem vom Unbewussten her bestimmt ist. (SCHWEIZER, Luther 58) Umkehr bedeutet im Sinne Luthers psychologisch gedeutet, „sich abzuwenden von den *Verstrickungen ins eigene Bewusstsein,* denn diese halten uns von der Berührung mit den Dingen ab, wie sie wirklich sind, mit den Menschen, wie sie wirklich sind, und mit Gott, wie er wirklich ist". (SCHWEIZER, Gottesbild 221)

Schweizer sieht die Lösung des Problems des modernen Menschen mit Dorneus in der Alchemie. Der Einzelne muss sich gezwungenermassen „jenem *lumen naturae,* jenem Geist der Natur" zuwenden, der in ihm selbst schlummert". (69) Luther hat in seiner Kritik an der Scholastik zwar geahnt, dass die Klarheit des logischen Denkens durch das „zwiespältige Dunkel eines archaischen Gottesbildes kompensiert wird". (ebd) Aber letzteres scheint im traditionellen christlichen Raum doch zu fehlen.

Es muss nach Schweizer in der Gnosis, in der spätantiken Hermetik, in der Alchemie und im Volksglauben der Sagen und Märchen gesucht werden. (75f) Auch die schrecklichen Erlebnisse des Niklaus von der Flüh sind Beispiele dafür. (76) Luthers „Einengung auf das Evangelium" (74) unterzieht Schweizer einer grundsätzlichen Kritik, die sich auch am aggressiven Umgang des Reformators mit dem linken Flügel der Reformation, den Türken, den Juden und dem Papst als dem Antichristen festmachen lässt. (ebd)

Dem traditionellen Christusbild fehlt die Nachtseite des Lebens und die kosmische Natur, welche in der Gestalt Luzifers abgespalten wird und welche Luther als Antichrist auf seine Gegner projiziert. (aaO) „Zwar hat Luther ... die archaische Dimension in sein Gottesbild integriert ... Dadurch aber, dass er die Bibel (das *verbum externum!)* zur Grundlage und zum Kriterium allen Glaubens macht, verliert er das Vertrauen auf das Wirken des Heiligen Geistes im inwendigen Menschen." (ebd)

Die unmittelbare Begegnung mit archetypischem Material bringt die Gefahr mit sich, dass sich „das Ich mit dem Göttlichen identifiziert ..., das Ich vom Selbst verschlungen (wird), das heisst es ist seiner selbst unbewusst, mit all seiner Unzugänglichkeit und Dunkelheit zu einem Gott geworden …" (SCHWEIZER, Gottesbild 216)[361] Wegen dieser stets lauernden Gefahr der Inflation „(ist) wahrscheinlich das Leiden an der Zerrissenheit nötig". (237)

Mit ihrem Instrumentarium liefert die archetypische Psychologie C.G. Jungs aktuell willkommene, fundierte Werkzeuge zur Beurteilung von jeglichen Fundamentalismen, seien sie (älterer) konfessionalistischer oder (moderner) charismatischer, esoterischer oder religiös-politischer Art.

[361] Schweizer zitiert JUNG, GW 11 § 446 (Antwort auf Hiob).

Verzeichnis der benutzten Literatur

(Abkürzungen in der Schlussklammer; s. auch Abkürzungsverzeichnis S. 7f)

Aland Barbara et Kurt, Novum Testamentum Graece et Latine (Nestle), Stuttgart 1984/3. Aufl., 3. korrigierter Druck 1999

Aland Kurt (Hg.), Luther deutsch. Die Werke Martin Luthers in neuer Auswahl, II, Der Reformator, 2. Aufl. Göttingen 1981

Alt Franz (Hg.), Das C.G. Jung Lesebuch, Olten 6. Aufl. 1988 (ALT)

Aune David E., Art. Johannes-Apokalypse/Johannesoffenbarung. Exegetisch, in: RGG[4] IV (2001), 540-548.540f.

Bair Deirdre, C.G. Jung. Eine Biographie. Deutschsprachige Ausgabe, München 2005 (BAIR)

Balmer Heinrich, Vorwort, in: ZUMSTEIN-PREISWERK 7-9

Baier Karl, Meditation und Moderne. Zur Genese eines Kernbereichs moderner Spiritualität, Bd. 2, Würzburg 2009

Bauer Walter, Griechisch-deutsches Wörterbuch zu den Schriften des Neuen Testaments und der übrigen urchristlichen Literatur, 5. Aufl. Berlin 1963

Benker Günter, Die ‚Dunkle Nacht' der Ganzwerdung: C.G. Jung und der Mystiker Johannes vom Kreuz, Anal Psychol 1999/30, 245-272

Bernet Walter, C.G. Jung, in: Tendenzen der Theologie im 20. Jahrhundert. Eine Geschichte in Porträts (hg. v. Jürgen Schultz), Stuttgart/Berlin/ Olten und Freiburg i.Br., 1966, 2. Aufl. 1967, 150-155

Böhme Wolfgang/Sudbrack Josef, Der Christ von morgen – ein Mystiker? Würzburg/Stuttgart, 1989

Bornkamm Günther, Paulus (Urban TB 119), Stuttgart 1969

Bruce F.F., Dies ist eine Harte Rede. Schwer verständliche Worte Jesu – erklärt, Wuppertal 1985, S. 74f

Delgado Mariano/Fuchs Gotthard (Hg.), Die Kirchenkritik der Mystiker – Prophetie aus Gotteserfahrung, in: dies., Die Kirchenkritik der Mystiker, Bd. 1: Mittelalter, Freiburg Schweiz/Stuttgart 2004, 9-18

Eddinger Lucille, Elined Prys Kotschnig. A Profile. Inward Light XLVI/100, Spring 1984

Elliger K./Rudolf W., Biblia Hebraica Stuttgartensia (Kittel), Stuttgart 1967/ 1977

Fischer Norbert, Art. Bonum, in: Mayer Cornelius (Hg.), Augustinus-Lexikon, Vol. I, Basel 1986-1994, S. 671-682

Frick Eckhard/Lautenschlager Bruno, Auf Unendliches bezogen. Spirituelle Entdeckungen bei C.G. Jung, München 2008

Frick Eckhard, Redaktionelle Einführung zu Günter Benker, Die ‚Dunkle Nacht' der Ganzwerdung: C.G. Jung und der Mystiker Johannes vom Kreuz, Anal Psychol 245-246

Gehrig Justin, Aus Kleinhüningens vergangenen Tagen 1640/41 – 1940/41. Erinnerungsschrift an die 300jährige Zugehörigkeit Kleinhüningens zur Schweiz, Basel 1941 (GEHRIG)

Gerlitz Peter, Art. Mystik I. Religionsgeschichtlich, in: TRE 23 (1994), 534-547

Guggisberg Hans R./Rotach Peter (Hg.), Ecclesia semper reformanda. Vorträge zum Basler Reformationsjubiläum 1559-1979, Basel 1980

Hannah Barbara, C.G. Jung. Sein Leben und Werk, Biographische Aufzeichnungen, Deutsche Übersetzung von Lukas Schwarz, 2. Aufl. Küsnacht ZH 2006

Hark Helmut (Hg.), Lexikon Jungscher Grundbegriffe. Mit Originaltexten von C.G. Jung, Olten 2. Aufl. 1990 (HARK)

Hennecke Edgar, Neutestamentliche Apokryphen in deutscher Übersetzung, 4. Aufl. hg.v. Wilhelm Schneemelcher, Bd. I Evangelien, Tübingen 1968

Hilberath, Bernd Jochen: Art. Rahner, Karl in: RGG 4. Aufl. Bd. 7, 23-24

Hochadel Oliver, Art. Zwischen Wissen und Besserwisserei (zu Peter Haber), Berner Zeitung vom 17. Juli 2010, 37

Hugger Paul, Kleinhüningen. Von der ‚Dorfidylle' zum Alltag eines Basler Industriequartiers, Basel 1984 (HUGGER)

Jaffé Aniela (Hg.), C.G. Jung in Wort und Bild. Olten 1977/Zürich 1979

Jaffé Aniela (Hg.), Erinnerungen, Träume, Gedanken von C.G. Jung, Zürich 1961 (ETG)

Jaffé Aniela (Hg.), Erinnerungen, Träume, Gedanken von C.G. Jung, Zürich 1961/16. Aufl. Düsseldorf 2009 (zitiert wird nach der Ausgabe von 1961!)

Jenni Ernst, Art. JAHWE, in: THAT I 701-707

Johannes vom Kreuz. Die dunkle Nacht. Ges. Werke Bd. 1 (hg. v. Ulrich Dobhan/Elisabeth Hense/Elisabeth Peeters), 4. Aufl. Freiburg i.B. 1999 (JOHvK NACHT)

Johannes vom Kreuz, Die lebendige Liebesflamme. Vollständige Neuübersetzung. Gesammelte Werke Band 5 (hg., übersetzt und eingeleitet v. Ulrich Dobhan/Elisabeth Hense/Elisabeth Peeters), 2. Aufl. Freiburg i. B. 2007 (JOHvK Lf)

Jüngel Eberhard, Quae supra nos, nihil ad nos. Eine Kurzformel der Lehre vom verborgenen Gott – im Anschluss an Luther interpretiert (Gerhard Ebeling zum 60. Geburtstag), EvTh 32 (1975), 192-240

Jung, Carl Gustav, Antwort auf Hiob, C.G. Jung Taschenbuchausgabe (hg. v. Lorenz Jung, dtv-TB 35171, München 6. Aufl. 2004

Jung, Carl Gustav, Antwort auf Hiob, in: GW 11 (hg. v. Marianne Niehus-Jung/ Lena Hurwitz-Eisner/Franz Riklin) 1963, 385-506 (= C.G. Jung-Taschenbuchausgabe 35171 (hg. v. Lorenz Jung auf der Grundlage der Ausgabe GW 11), 6. Aufl., München 2004

Jung, Carl Gustav: Briefe, hg. v. Aniela Jaffé in Zusammenarbeit mit Gerhard Adler, I (1906-1945), II (1946-1955), Olten 1972; Bd. III (1956-1961), Olten und Freiburg im Breisgau 1973 (JUNG, Briefe I-III)

Jung Carl Gustav, Das Rote Buch. LIBER NOVUS hg. v. Sonu Shamdasani, 2. Aufl. Düsseldorf 2010, 195-223

Jung, Carl Gustav, Erinnerungen, Träume, Gedanken (aufgezeichnet und hg. v. Aniela Jaffé), Zürich 1961 (ETG)

Jung Carl Gustav, Erinnerungen, Träume, Gedanken (aufgezeichnet und hg. v. Aniela Jaffé), 16. Aufl. Düsseldorf 2009 (zitiert wird nach der Ausgabe von 1961!)

Jung Carl Gustav, „Religion und Psychologie". Eine Antwort auf Martin Buber, Brief vom 22.2.1952 an den Herausgeber des „Merkur", Stuttgart = ALT 332 - 345

Jung Carl Gustav, Vom Wesen der Träume, in: Traum und Traumdeutung, C.G. Jung TB-Ausgabe 35173 (hg. v. Lorenz Jung auf der Grundlage der Ausgabe GW 8), 13. Aufl. München 2008, 133-148 (= GW 8, 309-327)

Jung Carl Gustav, Über die Archetypen des kollektiven Unbewussten, in: GW 7 (hg. v. Marianne Niehus-Jung/Lena Hurwitz-Eisner/Franz Ricklin), Zürich 1964, 1-130

Jung Carl Gustav, Über die Psychologie des Unbewussten, in: GW 9, 1 (hg. v. Lilli Jung-Merker/Elisabeth Rüf), Olten 1976, 13-51

Jung Carl Gustav, Zur Psychologie östlicher Meditation, in: GW 11 (hg. v. Marianne Niehus-Jung, Lena Hurwitz-Eisner und Franz Riklin), Olten 4. Aufl. 1983, 603-621

Jung Carl Gustav, Zur Psychologie und Pathologie sogenannter okkulter Phänomene, in: GW 1 (hg. v. Marianne Niehus-Jung/Lena Hurwitz-Eisner/Franz Ricklin), 3. Aufl. 1981, 1 – 98

Kraft Heinrich, Die Offenbarung des Johannes, HNT 16a, Tübingen 1974

Kraft Heinrich, Die Entstehung des Christentums, Darmstadt 1981
Köpf Ulrich, Art. Mystik. Christliche Mystik, in: RGG^4 V (2002), 1659-1663
Kümmel Werner Georg, Einleitung in das Neue Testament, 20. Aufl., Heidelberg 1980
Leppin Volker, Art. Tauler, Johannes, in: TRE 32 [2001], 745-748
Lietzmann Hans, An die Korinther I.II (HNT 9), Tübingen 5. Aufl. 1969
Locher Gottfried W. (Hg.), Der Berner Synodus von 1532. Edition und Abhandlungen zum Jubiläumsjahr 1532, Bd. I, Neukirchen-Vluyn 1984
Louth Andrew, Art. Mystik II. Kirchengeschichtlich, in: TRE 23 (1994), 547-580
Luz Ulrich, Das Evangelium nach Matthäus, EKK 1/2, Zürich und Braunschweig/Neukirchen-Vluyn 1990
Maier Gerhard, Art. Eschatologie, in: Das Grosse Bibellexikon Bd. 1 (hg. v. Burkhardt Helmut/Grünzweig Fritz/Laubach Fritz/Maier Gerhard), Wuppertal 1987
Michel Otto, Der Brief an die Hebräer, 12. Aufl., Göttingen 1966 (KEK 13)
zur Mühlen Karl-Heinz, Art. Luther II. Theologie, in: TRE 21, 530-567
Noth Isabelle, Ekstatischer Pietismus. Die Inspirationsgemeinden und ihre Prophetin Ursula Meyer (1682-1743), Göttingen 2005 (AGP 46)
Ohm Thomas, Art. Mystik. Religionsgeschichtlich, in: LThK^2 VII (1962), 732-733
Pesch Rudolf, Synoptisches Arbeitsbuch zu den Evangelien, Bd. 2 Matthäus, Zürich/Einsiedeln/Köln und Gütersloh 1980
Petschenig Michael, Der kleine Stowasser. Lateinisch-deutsches Schulwörterbuch, Wien/ Zürich 1962
Pfendsack Werner, Lebendige Steine. Skulpturen und Fresken am Basler Münster, Basel 1986
Reinhuber Thomas, Art. Deus absconditus/Deus revelatus, in: RGG^4 II 683f

Röhrle, Erich A., Komplementarität und Erkenntnis: von der Physik zur Philosophie, Münster 2001 (Naturwissenschaft – Philosophie – Geschichte Bd. 12)

Robinson John A.T., Dodd Charles Harald, in: Tendenzen der Theologie im 20. Jahrhundert. Eine Geschichte in Porträts (hg. v. Hans Jürgen Schulz), 2. Aufl. Stuttgart und Olten 1967

Roloff Jürgen, Apostolat – Verkündigung – Kirche. Ursprung, Inhalt und Funktion des kirchlichen Apostelamts, Gütersloh 1965

Rosenau Hartmut, Art. Mystik III. Systematisch-theologisch, in: TRE 23 (1994), 581-589

Ruhbach Gerhard/Sudbrack Josef (Hg.), Grosse Mystiker. Leben und Werk, München 1984

Rühl Arthur, Der Einfluss der Mystik auf Denken und Entwicklung des jungen Luther, Marburg/L 1960

Rüpke Jörg, Art. Norden, Eduard, in: RGG[4] VI, 384

Schaf Philipp, Geschichtlicher Anhang über das traurige Lebensende des Francesco Spiera, in: ders., Die Sünde wider den Heiligen Geist, Halle 1841, S. 173-210

Schmoller Alfred, Handkonkordanz zum Griechischen Neuen Testament, 15. Aufl. Stuttgart 1973

Schwarz Reinhard, Art. Luther, Martin, in: RGG[4] V (2002) 558-587.559

Schweizer Andreas, Der erschreckende Gott. Tiefenpsychologische Wege zu einem ganzheitlichen Gottesbild, München 2000 (SCHWEIZER, Gottesbild)

Schweizer Andreas, „Fare hin mit deim geist an galgen!" – Martin Luther und C.G. Jung, in: Eranos 2001/2002 (hg. v. Erik Hornung und Andreas Schweizer), 2003 (SCHWEIZER, Luther)

Schwertner Siegfried M., Theologische Realenzyklopädie. Abkürzungsverzeichnis, 2. Aufl. Berlin/New York 1994

Shamdasani Sonu, Einleitung Liber Novus. Das „Rote Buch" von C.G. Jung, in: C.G. Jung, Das Rote Buch. LIBER NOVUS hg. v. Sonu Shamdasani, 2. Aufl. Düsseldorf 2010, 195-223

Stuhlmacher Peter, Der Brief an Philemon, EKK, Zürich/Einsiedeln/Köln und Neukirchen-Vluyn 1975

Stuhlmacher Peter, Zur Methoden- und Sachproblematik einer interkonfessionellen Auslegung des Neuen Testaments, in: EKK Vorarbeiten Heft 4, Einsiedeln/ Köln und Neukirchen-Vluyn 1972, S. 11-55

Stuhlmacher Peter, Vom Verstehen des Neuen Testaments. Eine Hermeneutik, Göttingen 1979 (NTD Ergänzungsreihe 6, hg. von Gerhard Friedrich)

Stupperich Robert, Geschichte der Reformation, München 1967 (DTV TB 413)

Sudbrack Josef, Der Christ von morgen – ein Mystiker? Karl Rahners Wort als Mahnung, Aufgabe und Prophezeiung, in: Wolfgang Böhme/Josef Sudbrack, Der Christ von morgen – ein Mystiker? Grundformen mystischer Existenz, Würzburg/ Stuttgart 1989 (SUDBRACK)

Vischer Lukas/Schenker Lukas/Dellsperger Rudolf, Ökumenische Kirchengeschichte der Schweiz, Freiburg und Basel 2. Aufl. 1998

von Brück Michael, Art. Mystik, Begriff. Religionswissenschaftlich, in: RGG[4] V (2002), 1651-1654

von Franz Marie-Louise, C.G. Jung. Sein Mythos in unserer Zeit, Frauenfeld 1972/Nachdruck 2. Auflage Küsnacht ZH 2007 (von FRANZ)

von Franz Marie-Louise, Die religiöse Dimension der Analyse, in: dies., Psychotherapie. Erfahrungen aus der Praxis, Einsiedeln 1990, 175-201

von Rad Gerhard, Theologie des Alten Testaments I, 6. Aufl. München 1960

Vorländer Karl, Philosophie des Altertums, Geschichte der Philosophie I, Hamburg 1969 (rowohlts deutsche enzyklopädie)

Vorländer Karl, Philosophie des Mittelalters, Geschichte der Philosophie II, Hamburg 1969 (rowohlts deutsche enzyklopädie)

Wagner Harald, Art. Rahner, Karl (1904-1984) in: TRE 28, 11-117

Wehr Gerhard, C.G. Jung mit Selbstzeugnissen und Bilddokumenten, rowohlts monographien, hg. v. Wolfgang Müller und Uwe Naumann, 21. Aufl. Reinbek bei Hamburg 2006 (WEHR)

Westermann Claus, Abriss der Bibelkunde. Altes und Neues Testament, Stuttgart/Berlin 1968 (Fischer Bücherei)

Wikipedia, Art. „Mount Egon“ (aktualisiert am 12. Juli 2010)

Winkler Gerhard, Art. Karmeliter, in: TRE 17 (1988), 658-662.661

Zimmerli Walther, Grundriss der alttestamentlichen Theologie, 2. Aufl. Berlin/ Köln/Mainz 1975 (Theologische Wissenschaft 3)

Zimmermann Alfred F., Die ‚dunkle Nacht' bei Juan de la Cruz. Essay, Oktober 2009 [unveröffentlicht]

Zimmermann Alfred F., Wege zu einer ökumenisch-evangelischen Spiritualität. Berichte – Texte – Aufzeichnungen aus meinen Weiterbildungen 1984-2004, Worb 2005 (55 S.) [unveröffentlicht]

Zürcher Bibel 2007, hg. vom Kirchenrat der Evangelisch-reformierten Landeskirche des Kantons Zürich. Zürich 2007

Zumstein-Preiswerk Stefanie, C.G. Jungs Medium. Die Geschichte der Helly Preiswerk, München 1975 (Geist und Psyche, hrsg. von Nina Kindler = Kindler TB) (ZUMSTEIN)

Zumstein-Preiswerk, Das Medium des C.G. Jung, in: Basler Magazin/Basler Zeitung Nr. 42 vom 23. Oktober 1982, S. 1-2

zur Mühlen Karl-Heinz, Art. Luther II. Theologie, in: TRE 21, 530-567

Printed by Books on Demand GmbH, Norderstedt / Germany